Queen Mary 2

Flagge:	Großbritannien
Heimathafen:	Southampton
Länge:	345 m
Breite:	41 m
Höhe Kiel bis Schornstein:	72 m
Höhe Kommandobrücke über Wasserlinie:	40 m
Breite Kommandobrücke:	45 m
Tiefgang:	10 m
Tonnage:	BRZ 151 400
Maschinenanlage:	157 000 PS / 118 Megawatt (4 Dieselmotoren mit ca. 68 MW, 2 Gasturbinen mit ca. 50 MW)
Antrieb:	4 MerMaid™ Azipod-Einheiten, von denen jeweils 2 fest und 2 seitwärts drehbar sind; die Elektromotoren in den Azipods arbeiten mit max. 85 MW
Geschwindigkeit:	max. 30 Knoten
Stabilisatoren:	2 x 2
Bugstrahlruder:	3
Tragweite Nebelhorn:	10 Seemeilen = 18,5 Kilometer (das Nebelhorn stammt von der *Queen Mary*)

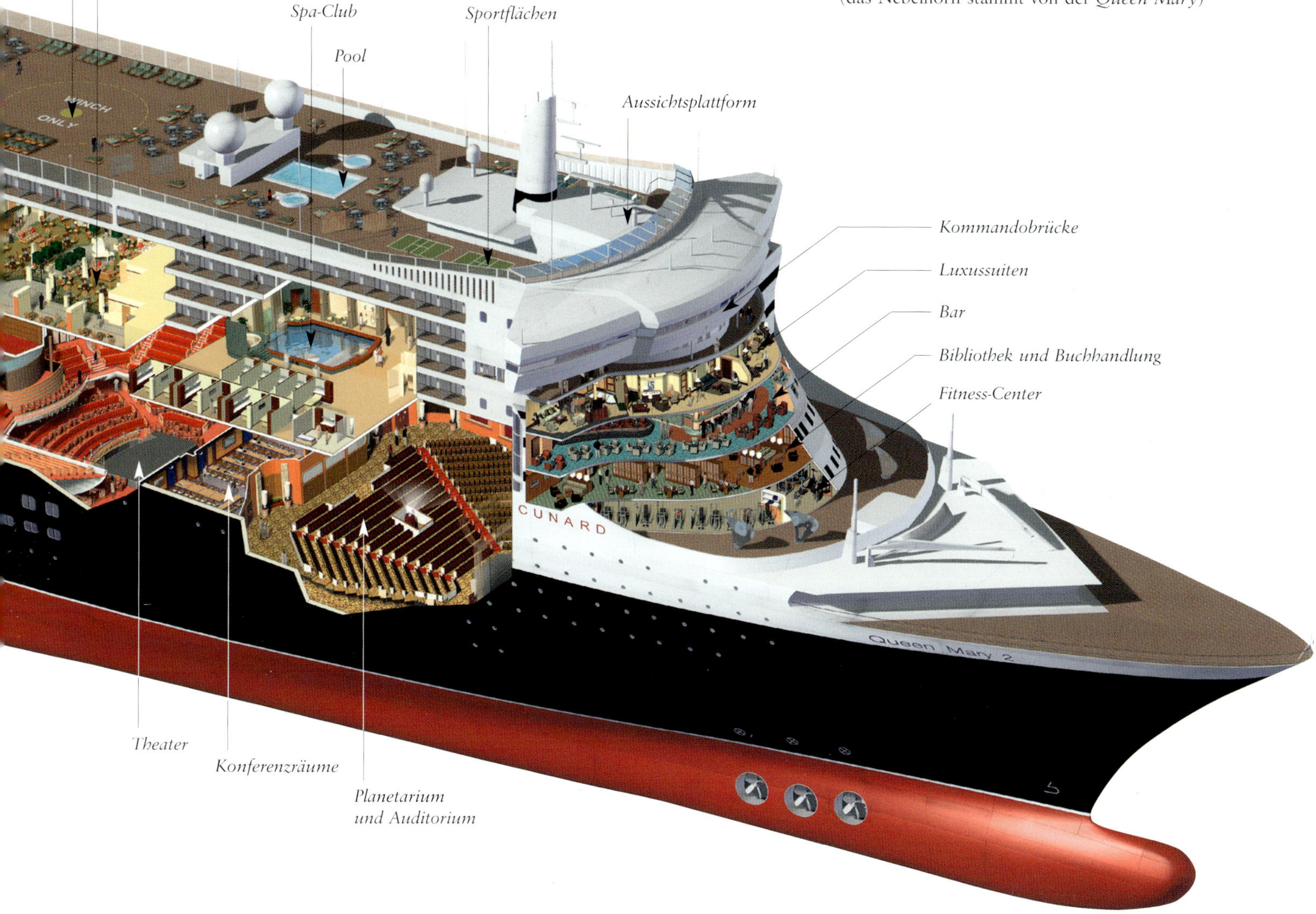

DELIUS KLASING

Christoph Engel · Knut Gielen · Cay Rademacher

Queen Mary 2

Das größte Passagierschiff unserer Zeit

Delius Klasing Verlag

Bibliografische Information Der Deutschen Bibliothek
Die Deutsche Bibliothek verzeichnet diese Publikation in der
Deutschen Nationalbibliografie; detaillierte bibliografische
Daten sind im Internet über »http://dnb.ddb.de« abrufbar.

ISBN 3-7688-1843-8
ISBN 978-3-7688-1843-8

Fotos: Christoph Engel, Knut Gielen
Text: Cay Rademacher
Layout: Ekkehard Schonart
Reproduktionen: scanlitho.teams, Bielefeld
Druck: Kunst- und Werbedruck, Bad Oeynhausen
Printed in Germany 2006

Delius Klasing Verlag, Siekerwall 21, D - 33602 Bielefeld
Tel.: 0521/559-0, Fax: 0521/559-115
E-Mail: info@delius-klasing.de
www.delius-klasing.de

Inhalt

Einleitung

Hafen von New York, Donnerstag, 22. April 2004, kurz nach 8.00 Uhr morgens: Morgennebel und Regenschleier verhüllen den Blick auf das Meer. Die Verazzano Narrows Bridge - jene 1300 Meter weite, rund 70 Meter hohe Hängebrücke zwischen Brooklyn und Staten Island - schwebt wie ein abstrakter Schemen im weißlichen Dunst. Da reißt irgendwo eine Nebelwand auf, gelborange bricht Sonnenlicht durch. Und in diesem Moment nähert sich über Wasser langsam ein Schatten der Verazzano Narrows Bridge, wird größer und höher und scheint die Brücke einreißen zu wollen: ein Schiff. Es ist die *Queen Mary 2*.

Langsam nähert sich der Oceanliner mit dem blauschwarzen Rumpf, den weißen Aufbauten und dem mächtigen, in den klassischen schwarz-roten Farben der Reederei Cunard gehaltenen Schornstein - so langsam, dass sich an seinem scharf geschnittenen Bug kaum eine Welle zeigt. Es ist das erste Mal, dass der Liner in New York einläuft. Dann gleitet das Schiff unter der Brücke hindurch. Mancher der Zuschauer - es sind einige tausend an den Ufern von New York und New Jersey - wird den Atem angehalten haben, so winzig erscheint der Abstand zwischen Schornstein und Brücke; tatsächlich sind es nur etwas über sechs Meter. Im Sommer, wenn sich durch die Hitze der Stahl der Halteseile ausdehnt, wird die Brücke über einen Meter tiefer durchhängen und dem Schiffsschornstein noch näher kommen. In Höhe der Freiheitsstatue nimmt Kapitän Ronald Warwick so viel Fahrt aus der *Queen Mary 2*, dass sie fast stillsteht. Mit vier dumpfen, langgezogenen Signalen grüßt das Schiff New Yorks Symbol.

Schlepper, Patrouillenboote der Polizei und der Küstenwache sowie mehrere Feuerlöschboote umringen den Giganten. Viele spritzen Wasserschleier in den Himmel, manche rot-weiß-blau eingefärbt, die traditionellen Begrüßungszeichen. Am Himmel tanzen Hubschrauber. Backbord neben den mächtigen Bug setzt sich ein Feuerlöschboot mit altertümlichen Riss und bronzenen Spritzen: die 1931 in Dienst gestellte *John J. Harvey*. Sie hatte schon den legendären Dampfer *Queen Mary* bei dessen erster Ankunft in New York begrüßt - am 1. Juni 1936.

Fast 68 Jahre danach läuft die Erbin dieser großen Tradition in New York ein: Die *Queen Mary 2* ist seit 35 Jahren der erste Neubau eines Atlantikliners - eines Passagierschiffes, das im regelmäßigen Liniendienst den Ozean zwischen Europa und Amerika befährt.

Ehrengäste in der ersten Reihe: Roland Warwick, der designierte Kommandant der Queen Mary 2 *im Gespräch mit Cunards Präsidentin Pamela Conover. Neben ihr Werftchef Patrick Boissier, zwei Plätze weiter Micky Arison, Besitzer von Carnival, Cunards Muttergesellschaft*

Am 16. April hat sie Southampton verlassen. Kapitän Warwick folgte der »Great Circle Route«, des nördlichen Kurses über den Atlantik - exakt jener Kurs, den fast auf den Tag genau 92 Jahre zuvor die *Titanic* genommen hatte. Eisberge überraschten die *Queen Mary 2* nicht. Doch schlugen, vor allem an den ersten beiden ihrer sechs Tage währenden Überfahrt, schwere Stürme der Stärke zehn auf das Schiff ein. Aber trotz zehn Meter hoher Wellen und fast 100 Stundenkilometer schneller Böen kommt der Liner beinahe auf die Minute pünktlich in New York an.
Langsam passiert der Dampfer The Battery an der Südspitze Manhattans und gleitet den Hudson River hoch. Vor den Passagieren entfaltet sich die Skyline von Midtown Manhattan, Chrysler Building und Empire State Building schimmern wie zwei ferne Nadeln im Morgendunst. Von irgendwo übertönt das Horn einer Fähre das Knattern der Hubschrauber.
Schließlich bugsieren mehrere Schlepper den Giganten behutsam in das Becken fünf des New York City Passenger Ship Terminals - ein schwimmender Wolkenkratzer, der die Brücken und Rampen der Kaianlagen hoch überragt.
Nur ein paar hundert Meter neben der *Queen Mary 2* erstrecken sich die Anlagen des USS Intrepid Sea-Air-Space Museums. Dort steht seit einigen Monaten ein deltaflügeliges, geducktes Exponat: eine Concorde. Vor über dreißig Jahren schien der doppelt schallschnelle Jet das endgültige Ende der Ära der Oceanliner einzuläuten. Wer würde noch mehrere Tage mit dem Schiff zwischen Alter und Neuer Welt reisen, wenn ein Jet diese Distanz auf wenige Stunden schrumpfen ließ?
Doch nun ist die Concorde nur noch museales Relikt einer untergegangenen Epoche - während die neue *Queen Mary 2* als legitime Erbin eines Zeitalters mindestens 40 Jahre in Dienst bleiben soll.
Die Geschichte ihrer Entstehung ist eine Saga von technischer Brillanz und kaufmännischem Wagemut, von nostalgischen Träumen und nüchternem Kalkül, von Triumph und Tragik - und von Tradition.
Denn die Geschichte der Oceanliner, deren neuester, schönster, teuerster und luxuriösester Dampfer soeben in New York am Kai festgemacht hat, beginnt vor mehr als 150 Jahren.

Kiellegungszeremonie auf der französischen Werft Chantiers de l'Atlantique am 4. Juli 2002. Das erste, zentrale Element des zukünftigen Oceanliners wird von einem der beiden riesigen Brückenkräne in das Trockendock gehoben

Geburt einer Königin

Cunarder sind nicht einfach nur Kreuzfahrtschiffe,
sie sind Liner.

Pamela C. Conover, Präsidentin von Cunard

Das Trockendock B der Werft Chantiers de l'Atlantique in Saint-Nazaire ist eine 400 Meter lange, schmutzige Betonwanne. Hier an der bretonischen Küste liegt im März 2003 die stählerne Hülle dessen, was einmal das größte, längste, teuerste und schönste Kreuzfahrtschiff aller Zeiten werden soll: der *Queen Mary 2*.

Das Schiff ist, steht man auf dem Boden des Docks, mit menschlichen Sinnen kaum zu erfassen: 345 Meter lang, 41 breit und rund 70 hoch - ein Rumpf, fast 45 Meter länger als der Eiffelturm hoch ist, neun Meter zu breit und 40 Meter zu lang, um noch durch den Panamakanal mit seinen 305 mal 34 Meter messenden Schleusen zu passen, und vom Kiel bis zum Oberdeck ungefähr so hoch wie die Kathedrale Notre-Dame in Paris. In geradezu irrealem Bogen ragt die fleckige Stahlmasse auf und wölbt sich über den Betrachter empor: Rote Schutzfarbe liegt matt auf dem flachen Unterwasserbereich, darüber schimmern die Flächen der Rumpfflanken in Grauschattierungen. Schweißnähte zeichnen die Außenseite wie lange, geometrische Narben. Schwarze Kabelstränge laufen von den Werfthallen in die *Queen Mary 2* wie übergroße Infusionsleitungen. Über einen unterarmdicken Schlauch wird Wasser ins Schiff gepumpt. Eine Kupplung oben im Nichts zwischen Dock und Rumpf ist undicht: Ein feiner Sprühnebel tritt aus, das Sonnenlicht bricht sich in tausend Farben, doch die Tropfen verwehen, bevor auch nur einer den Betonboden erreichen könnte.

Irgendwo gut 30 Meter über dem Betrachter ragen kleine weiße Kräne außenbords - an diesen Davits sollen einmal die Rettungsboote abgefiert werden. Gerüste hängen außen an den Bordwänden wie Leitern, blaue, weiße und rote Stahlgerippe. Vor den Himmel schiebt sich, rostrot, mit Fetzen aus Plastikfolie und Aluminium als Fahnen, die Brücke, auf der in zehn Monaten der Kapitän stehen soll, bereit, die *Queen Mary 2* mit 2620 Passagieren und 1253 Besatzungsmitgliedern zur Jungfernfahrt auf See zu führen.

Die *Queen Mary 2* ist der größte gebaute Anachronismus auf diesem Planeten: Ein Schiff, das ein halbes Jahrhundert nach Einführung regulärer Transatlantikflüge noch Passagiere von der Alten in die Neue Welt bringen soll, Reisegeschwindigkeit 26 Knoten. Sechs Tage wird die Überfahrt dauern, 18-mal länger als ein Flug. Und die Passage wird in der teuersten Kabinenklasse 30 190 Euro kosten. Einfache Fahrt, Rückflug in der Economy Class.

Ein Anachronismus auch, weil in einer Epoche, in der Produkte oft schon binnen sechs Monaten veralten und nach fünf Jahren keine Ersatzteile mehr zu bekommen sind, eine wahnwitzig anmutende Dienstzeit eingeplant ist: 40 Jahre. So lange zumindest soll die stählerne Struktur des Oceanliners halten.

Ein Anachronismus schließlich, weil die *Queen Mary 2* ein sinnfreier, 870 Millionen Euro teurer Luxusliner ist. Für diesen Preis bekäme eine Luftfahrtgesellschaft vier der neuen Airbus A 380, der brandneuen größten Passagiermaschine

In riesigen Werkshallen werden auf der bretonischen Werft präzise geformte Stahlplatten zu Segmenten zusammengeschweißt. Später wird die Queen Mary 2 *aus knapp 100 unterschiedlich geformten Segmenten zusammengesetzt*

Auf Rollen gleiten Stahlplatten dahin, die von einem computergesteuerten Laser millimetergenau passend in Form gesägt werden

Die Fabrikation in riesigen Hallen macht die Arbeiter unabhängig vom Wetter – und sie minimiert die Zeit, die der Schiffsrohbau im teuren Dock heranwachsen muss

Auch mit Segmenten bleibt Werftbau Handarbeit – etwa bei der Montage von Kabelbäumen

Die im Dock bereits eingepassten Segmente werden von Spezialisten kontrolliert, während in der Halle die nächsten Elemente mit dem Sandstrahler gereinigt werden. Insgesamt 33 700 Tonnen Stahl werden für den Rumpf benötigt

der Welt. Die Jets können zusammen fast so viele Passagiere aufnehmen wie das Schiff, kommen aber mit ein paar Dutzend Menschen für die Crew aus.

Der Dampfer ist ein Produkt der postmodernen Freizeitgesellschaft. Gefertigt aber wird er im Prinzip noch so wie zu den Pionierjahren der Industrialisierung: als menschen-, ressourcen- und platzverschlingendes Monstrum einer schmutzigen Schwerindustrie. Das 19. trifft das 21. Jahrhundert.

Der vorfabrizierte, noch unlackierte Schornstein erinnert eher an den Turm einer mittelalterlichen Burg als an ein Schiff

Und in dem fahren mehr Menschen zu See als in irgendeinem früheren Jahrhundert der Weltgeschichte - wenn auch aus anderen Motiven. Denn früher stellten Immigranten das Gros aller Passagiere, Menschen also, die sich nur aus Not oder Angst vor Verfolgung - und oft nur ein einziges Mal in ihrem Leben - auf den Ozean wagten. Nach dem Ersten Weltkrieg wurde der Anteil der Touristen immer größer, doch waren dies zumeist Reisende, für die der Oceanliner ebenfalls nichts anderes war als ein Vehikel: der Dampfer, der sie zum eigentlichen Ziel ihrer Reise brachte. Zwar wurden seit den Tagen Albert Ballins regelmäßig Vergnügungsfahrten von den Reedereien angeboten, aber die erreichten lange nur ein sehr kleines Publikum.

Doch seit wenigen Jahrzehnten ist der Weg über See für Zehntausende zugleich das Ziel geworden. Das Bordleben - jener umsorgte, irgendwie schwerelose Zustand zerfließender Zeit auf hoher See - ist in einer Epoche, in welcher Beruf, Freizeit, ja selbst Familienleben immer mehr dem Diktat des »just in time« unterworfen sind, zum Gegenentwurf, zum Ideal, kurz: zum Urlaubsziel geworden. Kreuzfahrten, wiewohl eine fast 100 Jahre alte Erfindung, sind deshalb erst in den letzten Dekaden weltweit wirklich populär geworden. Und die Zahl der überzeugten Kreuzfahrer wächst, unbeschadet von temporären Rückschlägen durch politische Konflikte oder Wirtschaftskrisen, noch immer um durchschnittlich zehn Prozent pro Jahr an. Im Jahr 2002 buchten weltweit rund neun Millionen zumeist wohlhabende Reisende Passagen auf einem der rund 280 schwimmenden Hotels. Der lukrative Markt ist aufgeteilt zwischen mehreren mittelgroßen Reedereien und zwei in den USA beheimateten Riesen: dem Marktführer Carnival aus Miami und der Royal Caribbean International. Deren teilweise gigantische Kreuzfahrtschiffe - die größten waren bislang die 311 Meter lange *Voyager of the Seas* und ihre vier Schwesterschiffe der Royal Caribbean - sind durch karibische Gewässer pflügende Zwitterkonstruktionen aus Einkaufszentrum, Disneyland und Fünf-Sterne-Hotel: schwimmende, hochbordige, verglaste Freizeitparks, mit Platz für über 3000 Passagiere. Die meisten Schiffe sind kaum zwanzig Knoten schnell und so gebaut, dass sie rauere Ozeane wie den Nordatlantik nicht mehr ohne Risiko befahren können.

Cunard betrieb seit seiner Gründung 1840 bis heute rund 250 Schiffe. Es war eine der ersten Reedereien auf dem Atlantik und es ist die letzte, welche regelmäßige Passagierschiffspassagen anbietet. Doch diese traditionsbewusste Konzentration auf den Atlantik und die Personenbeförderung machte die Reederei für die durch das Jet-Zeitalter ausgelöste Krise besonders verwundbar. Zwar retteten die Direktoren schließlich ihr Unternehmen, indem sie zwei Drittel ihrer Flotte abwrackten und die *Queen Elizabeth 2* bauten, doch war Cunard seit den 1970er-Jahren nur noch eine kleine Reederei.

Die Dominanz auf dem Atlantik zählte nicht mehr viel in einem Zeitalter, in dem Kreuzfahrtschiffe vor allem in der Karibik und im Mittelmeer, in der Südsee und in Skandinaviens Fjorden Passagiere transportierten - und für ihre Betreiber immense Gewinne einfuhren. Allein US-amerikanische Reedereien stellten zwischen den Jahren 2000 und 2004 über 60 neue Schiffe in Dienst - die *Queen Elizabeth 2* von 1969 dagegen war der letzte Neubau der britischen Traditionslinie.

Kurz: Cunard war in diesem neuen, globalen Markt der Kreuzfahrtriesen schlicht zu klein geworden, um auf Dauer bestehen zu können. Seit 1998 gehören die Briten zu Carnival. Der Kaufpreis der Reederei betrug 500 Millionen Dollar, also nur etwas mehr als die Hälfte dessen, was anschließend der Bau der *Queen Mary 2* verschlingen sollte.

Das erst 1972 von Ted Arison gegründete Unternehmen aus

Auf speziellen Tiefladern werden die Einzelteile der Queen Mary 2 *aus den Fabrikationshallen mehrere Hundert Meter weit bis zum Rand des Trockendocks transportiert*

Florida hält heute mit seinen 66 Schiffen einen Anteil von 43 Prozent am Kreuzfahrtmarkt und setzt damit weit über acht Milliarden Dollar jährlich um. In diesem Konzern spielt Cunard heute in der Firmenstrategie die Rolle der britischen Nobelmarke, welche mit klangvollem Namen und Ehrfurcht gebietender Tradition die lukrative Luxusnische halten soll, während sich die Konzernmutter auf den Massenmarkt konzentriert. Am 8. Juni 1998, nur eine Woche nach dem Kauf durch Carnival, verkündete die Reederei deshalb, einen neuen Superliner in Dienst stellen zu wollen.

Nur deshalb kann die *Queen Mary 2* gebaut werden: Mit den Dollars aus Miami soll Cunard zu einer Art »Rolls Royce der Kreuzfahrer« werden. In gewisser Weise ist Cunard wieder einmal - wie schon bei der *Lusitania*, der *Queen Mary* und der *Queen Elizabeth 2* - durch ein Riesenschiff gerettet worden: Denn die Reederei wurde von Carnival nur deshalb gekauft und damit wohl vor dem Ruin gerettet, um unter den traditionsreichen britischen Farben einen neuen Riesenliner bauen zu können. Bis zu 120 Millionen Dollar Gewinn pro Jahr soll das neue Schiff einfahren.

Im Sommer 1998 beginnt ein kleines Projektteam bei Cunard in Southampton unter Chief Naval Architect Stephen Payne mit den ersten Vorgaben, die schnell immer detaillierter werden. Der Londoner Schiffbauer Payne war schon als Kind 1969 zusammen mit seinen Eltern während eines Besuchstages auf der damals nagelneuen *Queen Elizabeth 2*. Er ist seit 1985 bei Carnival und hatte für die Reederei unter anderem die Kreuzfahrtschiffe der *Holiday-*

Das binnen weniger Monate heranwachsende Schiff ruht auf Dutzenden von Stahlbalken am Dockboden. Für den wulstförmigen, aufragenden Bug müssen Halterungen maßgefertigt werden (vorhergehende Doppelseite)

Das Trockendock B, in dem der Luxusliner heranwächst, ist in den 1970er-Jahren für den Bau von Supertankern entworfen worden - nicht unähnlich dem Riesen, der im Hintergrund die Brücke von Saint-Nazaire passiert

und der *Fantasy*-Klasse mitentworfen. Nach zweieinhalb Jahren - und etlichen Ergänzungswünschen der Reederei-Manager - haben die Schiffbauingenieure um Payne endlich einen imposanten Anforderungskatalog zusammengestellt, der schon fast einem halben Bauplan gleichkommt: Ein Kreuzfahrtschiff soll es werden, aber bitte atlantiktauglich, also schnell, stabil und sturmfest. Mit diesen Wünschen wendet sich Cunard an die wenigen Werften weltweit, die noch große Passagierschiffe fertigen können.

Am 6. November 2000 erhält Chantiers de l'Atlantique den Bauauftrag, ausgerechnet die Werft des einstigen Erzrivalen Compagnie Générale Transatlantique. Das französische Unternehmen baut seit 1861 Schiffe, darunter Liner wie etwa die berühmte *Normandie*, die sich während der späten 1930er-Jahre jene legendären Duelle mit der *Queen Mary* um Größe und das Blaue Band geliefert hatte. Chantiers de l'Atlantique ist die zweitgrößte jener vier europäischen Firmen, die einen Großteil aller Kreuzfahrtschiffe auf Kiel legen. (Die Meyer-Werft in Papenburg ist Nummer vier auf dem Markt, liegt aber im Binnenland und kann einen Liner in den von Cunard geforderten Dimensionen nicht bauen.) Bis zu fünf Passagierdampfer jährlich laufen in Saint-Nazaire vom Stapel, dazu Containerschiffe, Fähren und andere Bauten.

John Brown am Clyde, Cunards traditioneller Schiffbauer, ja überhaupt fast alle Werften der britischen Inseln sind längst, sofern sie überhaupt noch existieren, aus der Konkurrenz um den Bau der Kreuzfahrtschiffe ausgestiegen.

Noch besteht das Schiff hauptsächlich aus Stahl und Luft - und doch ist im Innern schon die extravagante Form des Britannia-Restaurants zu erahnen

Während das oberste Bugsegment angeschweißt wird, liegen bereits die tonnenschweren Ankerketten bereit, um an Bord genommen zu werden

Es fehlt ihnen an Kapazitäten und am Know-how. Nur Harland & Wolff in Belfast hat bis zuletzt mitgeboten - jene Werft, auf der unter anderem einst die *Titanic* und ihre Schwesterschiffe gefertigt worden sind.

»In einer perfekten Welt«, schreibt ein ebenso patriotischer wie leicht nostalgischer Autor in der britischen Schifffahrtszeitschrift »Lloyd's List«, »wäre das neue Schiff (...) auf einer britischen Werft gebaut worden.« Doch die Franzosen sind nicht nur in der Lage, auch sehr große Bauten zu fertigen - immerhin ist die *Queen Mary 2* größer als der atomgetriebene Flugzeugträger *Nimitz* (und fünfmal länger als Cunards erstes Schiff, die *Britannia*.) Sie bieten auch den günstigsten Preis. Vielleicht zu günstig: Die Werft gehört zum krisengeschüttelten Alstom-Konzern, bei dem vor allem die Schiffbauer tiefrote Zahlen schreiben.

Zusammen mit den Ingenieuren der Werft und britischen Innendesignern, die Kabinen und Aufenthaltsräume gestalten, vervollständigt Cunards Team unter Leitung von Payne anschließend die Pläne. Einmal treffen sich so viele britische und französische Spezialisten in London, dass sie nicht mehr alle Platz in Cunards Hauptstadtbüro finden. Die Schiffbauer wechseln daraufhin die Lokalität - sie versammeln sich auf der *HMS Belfast*, einem Kreuzer aus dem Zweiten Weltkrieg, der als schwimmendes Museum am Ufer der Themse ankert. Ein passend nostalgischer Rahmen für ein nostalgisch angehauchtes Projekt.

Die *Queen Mary 2* soll einerseits Kreuzfahrer werden, andererseits aber auch Atlantikliner. Als Kreuzfahrer muss sie alles haben, was auch die Konkurrenz bietet: Schwimmbäder, Fitnessräume, edle Geschäfte, Restaurants, Bars, Clubs, Varietés. Als Atlantikschiff muss es aber zugleich dem gefährlichsten Ozean der Erde standhalten können.

Das Schiff muss also, trotz der immens schweren Luxuseinrichtung, schnell sein, um fahrplanmäßig in sechs Tagen zwischen Southampton und New York zu pendeln. (Zwei Tage langsamer als die erste *Queen Mary*, aber das ist im Zeitalter der Düsenflugzeuge ohnehin nicht mehr wichtig.) Schnell auch, um dann, wenn schweres Wetter vorausgesagt ist, diesem womöglich noch ausweichen zu können. Die *Queen Mary 2* soll 30 Knoten schnell sein, rund 55 Stundenkilometer.

Dazu stabil genug, um auch bei hoher Geschwindigkeit Riesenwellen standhalten zu können. Während der geplan-

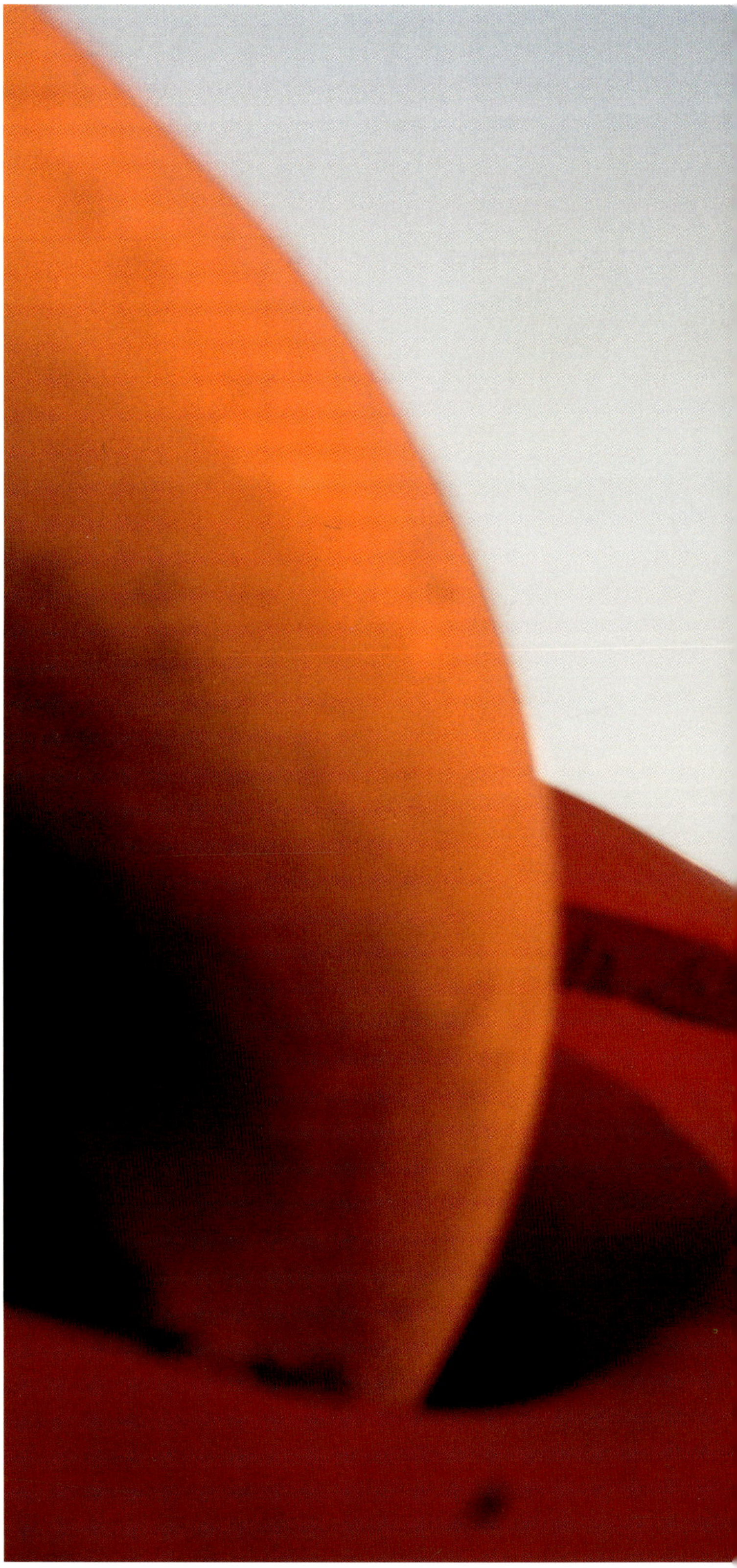

Die vorfabrizierten Segmente – hier vor allem Abschnitte des Rumpfes – liegen wie gigantische Bauklötze am Rand des Docks. Nach einem zuvor genau festgelegten Schema werden sie vom Brückenkran angehoben und an ihren Platz getragen

ten 40-jährigen Dienstzeit werden rund 90 Millionen Wogen gegen den Rumpf prallen. Bug- und Heckbereich sind durch 28-Millimeter-Stahlplatten armiert. Die Querschotts stehen weit enger als ursprünglich geplant, vier Längsschotts sollen zusätzliche Steifigkeit verleihen.

Auf Aluminium-Aufbauten, wie sie die *Queen Elizabeth 2* hat, verzichtet Payne. Die sind zwar leichter, haben sich jedoch nach über 30 Dienstjahren auf dem älteren Liner als weniger belastbar erwiesen. Aluminium ermüdet schneller als Stahl. Dann zeigen sich, vor allem an stark belasteten Stellen wie den Öffnungen der Kabinenfenster, eher Risse. Zudem sind bei diesem Metall Schweißarbeiten oder andere Reparaturen komplizierter als bei Stahl.

Die Kommandobrücke der *Queen Elizabeth 2* liegt 35 Meter hoch über dem Meer – nicht hoch genug. Am 11. September 1995 trafen sie mitten im Nordatlantik gegen vier Uhr morgens kurz hintereinander zwei Monsterwellen, zerschlugen Fenster, zerstörten Instrumente und fegten einen Teil der Decksausrüstung von Bord. (Den italienischen Liner *Michelangelo* traf es auf dem Nordatlantik im Frühjahr 1966 noch schlimmer: Eine Woge schlug in dessen Aufbauten und tötete drei Menschen.)

Die Brücke der *Queen Mary 2* wird deshalb 40 Meter hoch aufragen – 15 Stockwerke über den Wellen. Mit ihrem wulstförmigen Bug und einem spitz zulaufenden Wellenbrecher auf dem Vordeck soll das Schiff zudem, das ergaben im Januar 2001 Simulationen eines rund fünf Meter langen Modells in einem 180 Meter langen niederländischen Versuchstank, selbst in einem Hurrikan bei zwölf Meter hohen Wellen und einer Eigengeschwindigkeit von 18 Knoten kein Wasser übernehmen. Das heißt, selbst in einem schweren Sturm soll keine Woge in die Aufbauten schlagen. Zudem müssen Bug und Vordeck-Wellenbrecher so geformt werden, dass ankrachende Wogen möglichst schnell und weit vom Rumpf zurückgeworfen werden. In schwerer See soll das Schiff das Wasser wie einen Fächer beiseite drücken. Das ist zwar etwas weniger stromliniengünstig, als wenn die Wogen enger um den Rumpf abfließen könnten, doch aus Sicherheitsgründen notwendig. Da drei Viertel aller Kabinen – eine der vielen Vorgaben der Carnival-Manager – über einen eigenen Balkon verfügen sollen, müssen auch die Passagierplätze in den drei Decks im Rumpf mit diesem Luxus ausgestattet sein. Hier sind die Balkons – fast wie ein

Wie in einem riesigen Legobausatz werden einzelne Elemente eingesetzt: etwa die Kommandobrücke (links, oben und Mitte) oder ein Swimmingpool (links, unten). Auch die Kabinen sind, inklusive aller Strom- und Wasseranschlüsse, vorfabriziert und werden, wie diese Kajüte für ein Crewmitglied, durch das stählerne Innere des Schiffsrohbaus bis an ihren Platz geschoben (rechts)

Immer wieder, wie hier in der Grand Lobby, vergewissern sich die Arbeiter, dass sie tatsächlich alle Elemente genau entsprechend den Plänen zusammensetzen

Geduldsarbeit: Manche Schweißnähte sind über 30, die anzustreichenden Ankerketten gar mehrere 100 Meter lang

Obergaden in einer gotischen Kathedrale – wie kleine Höhlen in den Rumpf hineingeschnitten. Doch damit Riesenwellen auch bei schneller Geschwindigkeit und schwerer See in den tiefstgelegenen, vordersten Balkons keine Verwüstungen anrichten können, müssen sie früh und machtvoll vom Rumpf weggelenkt werden.

Die Rettungsboote sind, wie es internationalen Sicherheitsstandards entspricht, so angeordnet, dass alle Passagiere in ihnen binnen 60 Minuten den Liner verlassen haben können. Allerdings hängen sie 28 Meter über der Wasserlinie – erlaubt sind laut britischen Zulassungsvorschriften eigentlich nur 15 Meter, damit jedes Boot relativ schnell und risikolos abgefiert werden kann. Doch im Extremfall einer Monsterwelle auf dem Atlantik wäre es dann theoretisch möglich, dass alle Boote einer Seite von einer über 15 Meter hohen Riesenwoge fortgerissen würden. Also erhielt Cunard eine Ausnahmegenehmigung, um die rettenden Beiboote in Höhen jenseits selbst heftigster Wellen anzubringen.

Im Januar 2001 wird Baunummer G32, der 110. Liner von Chantiers de l'Atlantique, der erste Cunarder aller Zeiten, der in Frankreich gefertigt wird, in Saint-Nazaire auf Kiel gelegt. Dort, auf dem Rückgrat des Schiffes, schweißen Arbeiter ein Kästchen an, in dem eine britische Fünf-Pfund-Münze und eine 100-Franc-Goldprägung aus dem 19. Jahrhundert liegen. Symbole für eine neue britisch-französische Kooperation – und Glücksbringer für den mit 300 000 Stahlkomponenten, mit 550 000 Quadratmeter Außenfläche und 1500 Kilometer Schweißnähten größten Baukasten der Welt.

Im klassischen Werftbau wird ein großes Schiff von unten nach oben gebaut. Im Trockendock – einer riesigen Wanne, aus der alles Wasser hinausgepumpt worden ist – wird, vereinfacht ausgedrückt, zunächst der Kiel gefertigt, die tiefste und stabilste Linie des Rumpfes, das »Rückgrat« des Schiffes. Daran befestigen Arbeiter die Spanten, sie bilden die tragenden »Rippen«, außerdem setzen sie die Motoren ein – das »Herz«. Schließlich werden die Spanten beplankt und die Decks aufgesetzt, das Schiff wird also mit einer

ALSTOM
Queen Mary 2
SOUTHAMPTON

Deutlich ist hier schon die besondere Unterwasserform des Hecks erkennbar. Sie soll störende Verwirbelungen minimieren (vorhergehende Doppelseite)

»Außenhaut« überzogen. Am Ende öffnen sich die Schleusen des Docks, Wasser strömt ein, der Rohbau schwimmt auf. Diese Fertigungsweise dauert lange. Millionen Einzelteile – von fingergroßen Nieten bis zu tonnenschweren Turbinen – müssen vor Ort zusammengebaut werden. Das ist mit Maschinen kaum zu bewältigen, also müssen viele teure Arbeiter eingesetzt werden. Zudem wird das teure Trockendock sehr lange belegt, selbst wenn erst wenige Komponenten zusammengebaut worden sind.

Bei Chantiers de l'Atlantique werden deshalb seit einigen Jahren, wie auf anderen Großwerften auch, Schiffe nicht mehr von unten nach oben, sondern von der Mitte aus Richtung Bug und Heck gebaut.

»Wie eine Pyramide«, erklärt ein Ingenieur der Werft. In großen Werkshallen schweißen Arbeiter jeweils rund 16 Meter lange Abschnitte des Rumpfes – Kiel, Spanten, Außenhaut und Decks – zusammen und schieben diese »Blocks« genannten Segmente anschließend auf eine Halde neben dem Dock. Nur an vergleichsweise windstillen Tagen hebt einer der beiden rund 70 Meter hohen, bis zu 750 Tonnen tragenden, die Betonwanne überspannenden Brückenkräne die Segmente an und senkt sie zum Fertigungsplatz ab. Dort werden sie von jeweils vier »Lotsen«, Bauleitern, mithilfe von armlangen Stahlbalken millimetergenau ausgerichtet. Diese Stahlbalken sind außen am bereits fertigen Schiffsabschnitt so angebracht, dass sie nach oben weisen. Sie führen wie in einer Art Trichter das am Kran langsam hinunterschwebende neue Segment genau an seinen Platz, wo es anschließend verschweißt wird. Es ist, als würde das Schiff aus genau 98 riesigen, stählernen, bis zu 200 Tonnen wiegenden Legosteinen bestehen, die nach und nach zusammengesetzt werden. Die Vorfertigung in Hallen spart Zeit im Dock und ist zudem wetterunabhängig.

Nachdem die niedrigsten Reihen der Blocks im Dock gelegt und zusammengeschweißt sind, werden schwere Komponenten in sie hineingesetzt: die vier Dieselmaschinen etwa, sechs Kühlaggregate für die Klimaanlagen an Bord und, weit vorne im Rumpf, die drei Motoren der Bugstrahlruder: quer zur Fahrtrichtung in verschließbaren Schächten eingebaute Maschinen, die im Hafen den Bug in die gewünschte Richtung drücken und so diffizile Manöver erleichtern.

Bis zum März 2003 wächst die *Queen Mary 2* Segment für Segment in Länge und Höhe. Allein 34 000 Tonnen Stahl werden hier verbaut, genug, um fünf Eiffeltürme zu errichten. Im vorderen und hinteren Bereich bleiben zwei garagentorgroße Öffnungen ausgespart. Durch diese heben Kräne die wie Mini-Fertighäuser ebenfalls vorfabrizierten Passagierkabinen – Boden, Wände, Decken, Inneneinrichtung, Installationen – ins Schiffsinnere, wo sie auf Schienen an ihren Platz geschoben werden.

Nur die Lackierung der riesigen Außenflächen geschieht später, im Dock C, konventionell: Von Anstreichern, die, an Gerüsten vom Deck abgelassen, den Liner per Hand vom Heck zum Bug mit knapp 300 Tonnen Farbe besprühen.

Bis zu 4200 Spezialisten (rund ein Drittel der Belegschaft) arbeiten am Schiff, unter ihnen, noch immer selten in der Männerwelt Werft, knapp 100 Frauen. Ihre Leistung wird von 25 »Inspektoren« von Cunard überprüft: Ingenieuren und Designern, die im Auftrag der Reederei jeden Bauabschnitt checken.

So wächst in nur 14 Monaten ein Schiff heran. In den 1930er-Jahren benötigte Chantiers de l'Atlantique sieben Jahre für den Bau der 313 Meter langen *Normandie*, in den 1960er-Jahren vier Jahre für die 315 Meter lange *France*. (Ein technisch vergleichsweise simpler Tanker wird auf ostasiatischen Werften in rund neun Monaten vollendet.)

Der Neubau folgt zwar nicht mehr den klassischen, gestreckten Linien der alten Oceanliner, aber kommt doch noch nicht so plump daher wie die meisten modernen Kreuzfahrer: ein scharf geschwungener Bug, eine kurze Back (das Deck auf dem Vorschiff), ein abgerundetes Kreuzerheck, hohe, stromlinienförmige Aufbauten, ein gewaltiger Schornstein etwas achterlich der Schiffsmitte. Aus rein ästhetischen Gründen hätte der Schlot noch etwas wuchtiger ausfallen dürfen – dann aber wäre das Schiff zu hoch geworden, um noch unter den Brücken großer Häfen, etwa von New York oder Sydney, hindurchzupassen.

Ein Liner, der mit 150 000 Bruttoregistertonnen dreimal so groß ist wie die *Titanic*, doppelt so groß wie die *Queen Elizabeth 2* und immerhin noch um ein Zehntel massiger als die fünf Riesenschiffe des ärgsten Rivalen Royal Caribbean International. Alle Kreuzfahrtschiffe auf allen Meeren und Flüssen dieses Planeten zusammen haben etwas mehr als fünf Millionen Bruttoregistertonnen. Die *Queen Mary 2* repräsentiert mithin rund drei Prozent des global verfügbaren Passagierschiffraumes.

Die Lackierung, hier die des schützenden Unterwasser-anstriches, ist Arbeit vermummter Spezialisten, die auf schwenkbaren Bühnen immer wieder am Liner entlang fahren

Anfang 2003 ist das Äußere des neuen Liners schon gut zu erkennen. Der Schornsteinaufsatz aber fehlt noch: Er würde nicht unter dem Brückenkran hindurchpassen und muss deshalb später aufgesetzt werden

So lange die *Queen Mary 2* in der Werft liegt, ist Philippe Magaldi einer der wichtigsten Männer an Bord. Der drahtige Ingenieur ist »Adjoint Chef d'Ouvrage«, der stellvertretende Bauleiter. Er ist unter anderem verantwortlich für die Koordination aller Arbeiten. Er sorgt beispielsweise dafür, dass alle Segmente in der richtigen Reihenfolge montiert werden. Oder dass – ähnlich wie ein Deckel auf einem Topf – Decks erst auf die jeweiligen Segmente geschweißt werden, wenn die sperrigen und schweren Anlagen, die darunter liegen – zum Beispiel bestimmte Maschinen – bereits installiert sind.

Er eilt im Laufschritt durch das unübersichtliche Innere des zukünftigen Luxusschiffes. Auf den Treppen nimmt er zwei Stufen auf einmal, um durch 13 Decks hochzusteigen – 13 stählerne Fluchten, die an unaufgeräumte Parkhäuser gemahnen. Mit Kreide und Ölfarbe sind rätselhafte Zeichen und Ziffern an die Wände gemalt worden: Chiffren für die Arbeitsteams, die ihnen verraten, welches Teil sie wo einzubauen haben – und wo sie selbst sich gerade befinden.

An manchen Wänden sind die Stahlplatten mit Aluminiumfolie und Glaswolleplatten eingekleidet. Sie sollen, ähnlich wie im Haus, vor der Kälte isolieren. Dunkle, kachelgroße Kunststoffplatten, die auf den Decks festgeklebt werden, helfen, die Vibrationen der Maschine, die das ganze Schiff erzittern lassen, zu dämpfen.

Im weiten, doppelt S-förmig geschwungenen Treppenhaus im größten Restaurant oder im aus filigranen Stahlrippen gebildeten Kuppeldach des Planetariums etwa ist schon die zukünftige Extravaganz, die große Geste, der Luxus luftiger Räume zu erahnen. Doch von Mahagoni und Spiegelglas, von Stuck und Gold fehlt noch jede Spur. Die *Queen Mary 2* zeigt sich pur: Als stählernes Gebilde, stabil, feuerfest und trotz der schieren Größe vergleichsweise leicht, denn zum überwiegenden Teil besteht auch das luxuriöseste Kreuzfahrtschiff aus nichts als Stahl und Luft.

Auf der Brücke steht man 40 Meter über allem Irdischen. Vor einem: Vordeck und Bug, kaum mehr als ein scharf geschnittener Balkon. Auf dem Deck der zackenförmige weiße Wellenbrecher und zwei Bordkräne, darunter, von oben unsichtbar, die beiden je 23 Tonnen schweren Anker. Hinter einem – wenn man im Brückennock steht – die endlosen Fluchten der Decks. Dahinter: Die riesigen Werftanlagen, wo drei andere, kaum weniger imposante Liner bereits fast

CHANTIERS DE L'ATLANTIQUE

fertiggestellt an anderen Piers liegen, dann die weite Hängebrücke von Saint-Nazaire mit ihren beiden rot-weißen Pylonen und dem Fächer ihrer Stahlseile und, endlich, der Atlantik - die Heimat der *Queen Mary 2*.

Ein dumpfes Dröhnen hallt über die Wellen: Am 16. März 2003 erklingt zum ersten Mal das 2,15 Meter lange, fast 650 Kilogramm schwere Horn des Schiffes: sonor, nicht unangenehm, aber so laut, dass es 18 Kilometer weit trägt. Es ist eine akustische Zeitreise: Denn das schwedische Tyfon-Horn ist aus der alten, in Long Island für immer vertäuten *Queen Mary* ausgebaut und in ihrer Nachfolgerin installiert worden.

Schon auf dem Rohbau in der Werft, ohne einen einzigen Tropfen Salzwasser unter dem Kiel, ist es wie ein Rausch, hier oben auf der Brücke zu stehen und den Blick schweifen zu lassen. Wird sie erst fahren, wird sich der Kapitän der *Queen Mary 2* wieder so stolz, so gefährlich hochmütig fühlen können, wie einst seine Macht in den Regeln der Royal Navy definiert worden war: als »Master next to God«?

Doch während sich die *Queen Mary 2* oberhalb der Wasserlinie im maritimen Retrodesign klassischen Vorbildern annähert und zum *Titanic*-ähnlichen Allmachtsrausch verführt, hätte ihr Unterwasserschiff die Ingenieure der ersten *Queen Mary* wohl in Erstaunen versetzt. Ausgerechnet ein Schiff, das nach einer britischen Königin (1867 - 1953) benannt ist, verfügt über einen etliche Meter langen, wulstförmigen Unterwasserbug. Der ist zwar besonders strömungsgünstig, da er bei Reisegeschwindigkeit eine Welle erzeugt, die um den Rumpf herum geführt wird - aber der Bug ist auch geradezu obszön phallusförmig. Nur gut, dass er, ist die *Queen Mary 2* erst einmal voll beladen, unter der Wasserlinie verschwindet.

Back- und steuerbords können in Rumpfmitte je zwei Stabilisatoren ausgefahren werden. Es sind große flügelförmige Platten, die in schwerem Wetter das seekrankmachende Rollen dämpfen sollen. Und unterhalb des Hecks brechen keine Schraubenwellen durch den Rumpf. Und kein Ruder. Stattdessen hängen dort an der Außenseite vier MerMaids getaufte, propellerbestückte Gondeln. Es sind Azipods (Azimuthing Electric Propulsion Drive, Drehbarer Elektrischer Antrieb): Motorenkapseln, die an die Maschinen an den Außenhüllen der alten Zeppeline erinnern. Und tatsächlich ist ihre Funktion durchaus ähnlich.

Im Innern der *Queen Mary 2* arbeitet ein 117-Megawatt-Kraftwerk, das 150 000-Tonnen-Schiff mit 55 Stundenkilometern durch die Wellen treiben soll und zugleich den Strom für die Einrichtung der mehr als 3000 Menschen an Bord liefern muss, vom GPS-Navigationssystem auf der Brücke bis zum Föhn in der Passagierkabine. Vier hausgroße, je 217 Tonnen schwere finnische 16-Zylinder-Dieselmotoren und zwei Gasturbinen von Rolls Royce, die im Prinzip modifizierten Düsentriebwerken von Jets gleichen, leisten umgerechnet insgesamt 157 000 PS - genügend Energie zur Versorgung einer Stadt von der Größe Rostocks (200 000 Einwohner).

Das System ist emissionsarm und energiesparend. So sorgen die Commonrail-Technik und Wasserinjektionen in die Brennkammer bei den Dieselmotoren für eine fast rauchfreie Verbrennung des Treibstoffs. Im Hafen, wenn von der Klimaanlage bis zum Grill der Bordküche Stromverbraucher laufen, aber nicht die Motoren, werden nur ein oder zwei Dieselmaschinen angeworfen. Auf See schaltet der Kapitän die dritte, schließlich die vierte Maschine zu. Erst beim Kommando »Volle Kraft voraus« springen auch die Gasturbinen in den schallgeschützten Kammern auf dem Oberdeck genau in Höhe des Schornsteins an. Sie saugen, wie alle Düsentriebwerke, enorme Mengen Luft an und stehen deshalb an einem der höchsten Punkte der *Queen Mary 2*. Lägen sie, wie klassische Maschinen, tief unten direkt über dem Kiel, müssten gewaltige, platzfressende Luftschächte vertikal durch das Schiffsinnere geführt werden.

Mehr als ein Jahrhundert lang waren Motoren direkt mit den Antriebsschrauben verbunden. Die schweren Maschinen, die aus Gründen der Stabilität tief in der Schiffsmitte untergebracht wurden, drehten lange Achsen, die Schraubenwellen, die in Schächten durchs Achterschiff führten, bis sie am Heck austraten. Am Ende der Achsen saßen die Schrauben. Schraubenwellen verbrauchen nicht nur viel Platz und wiegen etliche Tonnen, sie erzeugen auch Lärm und Vibrationen - schließlich rotieren sie mit mehreren hundert Umdrehungen in der Minute. Und sie können wegen der großen mechanischen Belastung brechen.

Chantiers de l'Atlantique ist eine der ersten Werften, die bei Passagierschiffen eine Technik anwendet, die sich bis jetzt nur bei Kriegsschiffen und wenigen zivilen Bauten (wie etwa Containerschiffen und Eisbrechern) durchgesetzt hat.

Die Maschinen in den unteren Decks sind nichts anderes mehr als riesige Generatoren: Sie erzeugen Strom. Der eigentliche Antrieb steckt in den MerMaids. Die lastwagengroßen Gondeln beherbergen Wechselstrommotoren, die direkt mit einer Schraube verbunden sind. Keine Wellen liegen mehr zwischen Maschinen und Schrauben, sondern nur ein paar Kabel. Das reduziert Lärm und Vibrationen.
Die *Queen Mary 2* ist eines der ersten Passagierschiffe überhaupt, das mit einem solchen Antrieb ausgerüstet ist - und das erste, in das vier MerMaids installiert werden. Zwei von ihnen sind starr, die beiden achterlichen jedoch erstmals beweglich: Sie lassen sich horizontal um 360 Grad drehen. Damit ist dann nicht nur der Vortrieb gesichert, sie dienen auch zur Steuerung - es ist das gleiche Prinzip, das auch jeder Hobbyskipper anwendet, wenn er mit einem Außenbordmotor zugleich fährt und steuert.

Ein klassisches Ruder ist überflüssig geworden. Zwar formt der Kiel zwischen den beiden achteren MerMaids eine lange, schmale Finne, doch das ist nur ein Skeg, eine starre Ausbuchtung, welche die Längsstabilität der *Queen Mary 2* verbessert. Konventionelle Ruder hätten bei einem Schiff dieser Größe riesige Dimensionen annehmen müssen, um überhaupt wirkungsvoll zu sein - so riesige Dimensionen, dass ihr Strömungswiderstand im Wasser erheblich gewesen wäre und die Geschwindigkeit des Liners vermindert hätte.
Die MerMaids sind kleine, autonome Einheiten außerhalb der schützenden Schiffshülle. Mechaniker in ölverschmierten Overalls arbeiten hier nicht, die Motoren laufen automatisch. Allerdings können - gelenkige - Spezialisten bei abgeschalteten Maschinen durch schmale Leitern in den Schäften der Pods bis in deren Inneres hineinkriechen, um Inspektionen durchzuführen.

Kurz vor dem Float Out, dem ersten Verlassen des Trockendocks, versammeln sich Arbeiter und Gäste zum Erinnerungsfoto

Weil beim Float Out die Motorgondeln am Heck noch fehlen, kommt der Liner später noch einmal in ein anderes, viele Jahre lang nicht genutztes Trockendock – dessen schlammverkrusteter Boden erst mühsam gereinigt werden muss

Die vier stählernen, in Schweden gefertigten, je fast sechs Meter durchmessenden vierflügeligen Schrauben (welche, da vorne an den MerMaids angebracht, das Schiff ziehen, nicht schieben) sind Wunderwerke des Metallgusses und der ruhigen Handarbeit – und im Wortsinne unberechenbare Maschinenteile.

Denn zwar lassen sich Form und Größe moderner Schrauben heute annäherungsweise am Computer kalkulieren. Je mehr Flügel eine Schraube hat, desto effizienter und breiter ist sie, kann also bei einer bestimmten Motorenstärke und Drehzahl das Schiff auf eine genau abschätzbare höhere Geschwindigkeit treiben als eine einfache, etwa eine nur dreiflügelige Ausführung. Doch vieles in der Konstruktion bleibt unwägbar. Die Kanten der Flügel etwa müssen zu einem individuell sehr eigenen Profil geschliffen werden, damit der Propeller nicht »singt«. »Singen« nämlich ist die gefürchtete Eigenvibration des rotierenden Propellers, die durch störende Verwirbelungn entsteht – und die das ganze Schiff in nerven- und materialbelastendes Zittern versetzen kann. Zur Herstellung dieses Schliffs gibt es keine Computerprogramme und keine automatischen Fräsen. Hier müssen erfahrene Schleifer mit Augenmaß und ruhiger Hand das Werkstück in seine endgültige Form bringen. Und ob sie erfolgreich sind – das wird man erst sehen, wenn die *Queen Mary 2* zu ersten Testfahrten ausläuft. Mit anderen Worten: wenn es zu spät ist. Auch hier also bewahrt der Werftbau etwas vom Archaiischen.

Es gibt beim Bau der *Queen Mary 2* noch andere, speziellere Risiken (schließlich gelten die Unberechenbarkeiten der Schrauben auch für konventionelle Antriebe). Den vielen Vorteilen der MerMaids steht der Nachteil jeder neuen Technik gegenüber: Es mangelt an Erfahrung. Auf der *Infinity*, dem ersten in Saint-Nazaire gefertigten Liner mit zwei MerMaids, gab es, wie ein Vertreter der Werft vage andeutet, »technische Schwierigkeiten«. Angeblich, so ist zu hören, setzen die Elektromotoren nicht genügend Leistung um, es gibt Probleme mit der Ölversorgung der Maschinen. Deshalb verzögert sich der Einbau der MerMaids auf dem neuen Schiff um drei teure Monate. Und auf den ersten Fahrten der *Queen Mary 2* werden Kapitän Warwick und die Manager von Cunard wahrscheinlich keiner Komponente mehr Aufmerksamkeit widmen als dem wenig erprobten Antrieb.

Herbst 2003: Die stählerne Schiffshülle füllt sich mit Luxus. Tischler, Glaser, Steinmetze und andere Handwerker verkleiden graue Wände mit Holz, Marmor oder großen Bronzearbeiten. Gläserne Aufzüge schweben durch die Lobby, vorbei am vergoldeten Wandrelief, das die *Queen Mary 2* verherrlicht. Im »Canyon Ranch Spaclub«, nur ein paar Meter hinter der Kommandobrücke gelegen, entstehen ein Aroma-Dampfbad und eine Kräutersauna.

Die Reederei hat, wie heute bei fast allen Passagierschiffen üblich, verschiedene Innendesigner mit der Gestaltung unterschiedlicher Decks betraut. Die meisten Räumlichkeiten entwirft die schwedisch-britisch-amerikanische Gruppe SMC Design, andere Bereiche, etwa die Zone rund um die Lobby mit den Luxus-Geschäften, gestaltet das Büro designteam aus London.

Selbstverständlich hat die *Queen Mary 2* alles, was ein Luxusliner heute haben muss – und vieles davon größer als die Konkurrenz: mehrere Restaurants, fünf Schwimmbäder, Nachtclubs, Kasinos, ein Auditorium, Spielräume für die Kleinen und welche für die nicht mehr ganz so Kleinen (wo Halbwüchsige ihre Kreuzfahrt an Spielkonsolen verballern dürfen), den größten Weinkeller zur See und die umfangreichste Bibliothek (8000 Bände, fast fünfmal so viel wie an Bord der *Queen Mary*).

Allein das Promenadendeck ist so breit, dass trotz aufgestellter Liegestühle noch mehrere Menschen nebeneinander bequem flanieren können – und lange. Das Deck hat einen Umfang von rund 600 Metern. Wer will, der kann von dort back- oder steuerbords direkt achterlich der Brücke in gläsernen Aufzügen an der Außenseite der Aufbauten zu den Oberdecks schweben, den Ozean im Blick.

Rechnet man den nutzbaren Raum an Bord – die Bruttoraumzahl (BRZ) – auf die Zahl der Passagiere um, stehen jedem Gast an Bord der *Queen Mary 2* 57,25 BRZ zur

Verfügung. Auf der *Queen Elizabeth 2*, der niemand je mangelnden Luxus vorgeworfen hat, sind es »nur« 39,60 BRZ. Der Rahmen für den großen gesellschaftlichen Auftritt ist das drei Decks hohe, 1351 Plätze bietende »Britannia«-Restaurant achtern unterhalb des Schornsteins. Die geschwungene Freitreppe bietet das perfekte Entrée, um wie einst Marlene Dietrich die Ankunft zum Dinner wie eine Bühnenshow zu inszenieren. Es ist, seit den goldenen Zwanzigern mit *Lusitania*, *Mauretania* und *Berengaria*, Cunards erster großer Liner, auf dem das wichtigste Restaurant wieder mehrere Decks umfasst. Entsprechend großzügig und glamourös geht es hier zu.

Intimer im Ambiente und noch exquisiter in den Mahlzeiten sind »Queen's Grill« (206 Plätze) und »Princess Grill« (176) für die Gäste der teuersten Kabinen und Suiten. Das Wedgwood-Porzellan in diesen beiden Gourmettempeln wurde exklusiv für das neue Schiff entworfen.

Nach dem Dinner können Gäste im »G 32«-Nachtclub im Heck des Schiffes tanzen oder die Nacht in der Champagner-Bar, einem englischen Pub oder einer der rund

Die Bugstrahlruder sind so groß, dass neben ihnen selbst der Bagger, welcher den Schlamm aus dem Trockendock schafft, wie Spielzeug wirkt

ein Dutzend anderen Bars verbringen. Glücksspiele und Entertainment wie in Las Vegas bieten das Casino und das über 1100 Plätze fassende »Royal Court Theatre«, wo dank modernster Bühnentechnik so ziemlich jede Art von Konzert oder Varieté geboten werden kann.
Wirklich einmalig ist das fast 800 Plätze große Planetarium etliche Decks tief unter der Brücke: ein Auditorium mit kompliziertester Himmelsmechanik unter der gewölbten Decke. Den Einbau der 13 Meter durchmessenden und vier Tonnen schweren, halbsphärischen, beweglichen Kuppelkonstruktion aus Aluminium hat Ingenieur Philippe Magaldi persönlich geleitet. Wäre beim Einbau etwas schief gegangen, wäre die Kuppel etwa auch nur um einen Zentimeter verkantet worden - dieser Fehler hätte in 40 Dienstjahren nicht korrigiert werden können. Denn die Konstruktion ist so groß und liegt so tief innen im Schiff, dass man die *Queen Mary 2* zur Hälfte abreißen müsste, wollte man später noch einmal an die Sphäre heran. Reisende können hier nun Himmelskonstellationen studieren - was in sternenklaren karibischen Nächten vielleicht nur begrenzt sinnvoll erscheint, aber auf dem rauen Nordatlantik willkommen ist. Die Kajüten sind mit hellen Hölzern und dazu passenden Stoffen eingerichtet - die kleinste Unterkunft ist 18 Quadratmeter groß, die Luxusappartements verfügen über einen eigenen Aufzug, begehbare Kleiderschränke mit eigener Klimaanlage und beheizte Spiegel, die auch nach dem Bad im Wannenwhirlpool nicht beschlagen. Sie haben mit 209 Quadratmetern mehr Wohnfläche als manche Villa. Knapp drei Viertel aller Kabinen bieten ihren Gästen einen eigenen Balkon mit Blick auf den Ozean.
Manches davon war ursprünglich anders entworfen worden: 1998, bei den frühesten Planungen, war das Hollywood-Epos »Titanic« der Sensationserfolg der Vorsaison. Deshalb wurden die Kabinen der *Queen Mary 2* zunächst im Retrodesign gestaltet: Edle Hölzer, dunkelblauer Stoff und poliertes Messing waren Stilzitate einer längst beendeten Ära der Superliner. Als ein Jahr darauf die ersten originalgroßen Attrappen vollendet worden waren, war die Aufregung um den Film versunken wie der alte Dampfer selbst. Die neoklassische Kabinengestaltung passte nicht mehr zum Zeitgeschmack. Also versuchten die Innendesigner nun mit hellen Interieurs den Spagat, irgendwie modern, aber doch klassisch zeitlos zu wirken.
Total modern ist die Kunst an Bord. Onderneming & Kunst hat von Cunard dafür einen Riesenauftrag bekommen, den größten dieser Art, den je eine Reederei vergeben hat. Die Beratungsfirma aus Amsterdam wird von fünf Kunsthistorikern betrieben, die seit 15 Jahren darauf spezialisiert sind, die leeren Wände der Luxusliner dieser Welt zu dekorieren. Fünf Millionen Dollar durften die Experten dafür ausgeben - 1245 Originale, 22 Grafikeditionen und 3453 Drucke von 128 Künstlern wurden in Auftrag gegeben oder angekauft. Dann verteilten die Amsterdamer Gestalter die

Kunstwerke in der Lobby, in Treppenhäusern, Restaurants und allen Kabinen.

Die Niederländerin Barbara Broekman etwa schuf einen 4,15 mal 6,40 Meter messenden Gobelin aus Wolle und Trevira für das große »Britannia«-Bordrestaurant mit einem dem Betrachter entgegenrauschenden schwarz-weißen Cunarder, in der Form eine Mélange aus der *Queen Mary* und der *Queen Mary 2* vor der Skyline von New York. (Im ersten Entwurf der Künstlerin vom Herbst 2001 waren noch die Doppeltürme des World Trade Center zu erkennen, aber das ist diskret korrigiert worden.)

Die 1,7 Tonnen schwere Bronzearbeit des Briten John McKenna verherrlicht das neue Schiff: Das Relief in der Lobby zeigt die *Queen Mary 2* zwischen Alter und Neuer Welt. Auch vier Ölgemälde in Lobby und Haupttreppenbereich zeigen den neuen Liner. Der bekante schottische Marinemaler Gordon Bauwens schuf sie nur nach Plänen der Ingenieure, denn als Cunard sie bei ihm bestellte, existierte das Schiff noch nicht.

Konventionelle Marinebilder verzieren ebenfalls die Aufzugskabinen, acht hyperrealistische Früchtestillleben in Öl der deutschen Malerin Karin Kneffel ein Bordrestaurant. In einer Vitrine prunkt der massige, silberne »Boston Cup«, jener Pokal, der 1840 dem Kapitän der *Britannia* von dankbaren Bürgern der amerikanischen Stadt überreicht worden war und der 35 Jahre lang die *Queen Elizabeth 2* zierte. Ein dreieinhalb Meter langes Modell der *Queen Mary 2* (Maßstab 1:300) steht in einer Glasvitrine im »Commodore Club«. Große Schautafeln und Fotoabzüge, die an die Ausstellung eines Museums gemahnen, erinnern im Gang am Auditorium an Cunards gloriose Vergangenheit. Moderne und traditionelle Gemälde und Plastiken, ehrwürdige nautische Relikte, Riesenmodelle, museale Displays - passt das alles zusammen?

Ein durchgehendes Thema, ein einheitlicher Stil ist nirgendwo an Bord zu erkennen, wie es ja auch nicht »den« Designer gibt, der für die gesamte Inneneinrichtung verantwortlich ist, sondern diverse Büros für unterschiedliche Bereiche und Gestaltungsaufgaben. Allenfalls lässt sich in Anklängen an den Art-déco eine gemeinsame Linie feststellen, ein dezent nostalgisches Element.

Manche Ästheten mögen diese mangelnde Einheitlichkeit beklagen, dieses Potpourri aus viktorianischer Salonkunst, Jugendstil und Pop Art. Andererseits sind schon einmal der-

Eine Motorgondel wird angeliefert. Insgesamt vier der MerMaids getauften Aggregate werden unter das Heck der Queen Mary 2 *gesetzt. Sie treiben das Schiff an. Weil sie Motor und Schraube in ein Bauteil integrieren, sind sie besonders leise und vibrationsarm*

artig mit divergierenden Luxus-Zitaten überladene Liner in See gestochen: In dem Jahrzehnt vor dem Ersten Weltkrieg pflügten Dampfer wie die *Lusitania, Titanic* oder *Imperator* durch den Atlantik, mit Bädern, die Thermen in Pompeij nachgebaut worden waren, mit Restaurants im Stil eines Loireschlosses und mit Bordaufzügen, deren Gittertüren gotischem Schmiedewerk glichen. Damals wurden die verschiedenen klassizistischen Moden, später der Art-déco bis zum Exzess verwirklicht.

Heute verwirbeln die Innendesigner ästhetische Vorbilder aus Werbung, Comic, Trickfilm und Computerspiel zu einer schwimmenden Hommage an den Zeitgeschmack. Vielleicht werden deshalb zukünftige Kunsthistoriker dem Interieur der *Queen Mary 2* das gleiche, nur halb verächtlich, insgeheim aber bewundernd gemeinte Attribut verleihen, das auch schon für die *Lusitania* und ihre Rivalinnen gegolten hat: »Dampferbarock«.

Die Zeit für letzte Änderungen und Umbauten kommt im Dezember 2003. Seit dem 25. September unternimmt die *Queen Mary 2* ihre »Sea Trials« – streng von der Öffentlichkeit abgeschirmte Testfahrten mit nur minimaler Besatzung in der winterlich-rauen Biskaya.

Langsam gleitet die *Queen Mary 2* zu ihren ersten Fahrten auf die See. Noch ist ihre Lackierung an einigen Stellen unvollendet. Noch ersetzen stählerne Baubegrenzungen an manchen Decks die klassische Reling. Kapitän Warwick, einige Offiziere, ein paar Mann Besatzung stehen auf der Brücke, dazu Spezialisten von Chantiers de l'Atlantique. Auch auf manchen Decks und im Maschinenraum überwachen Besatzungsmitglieder und Werftangehörige alle Funktionen.

Erst auf See zeigt sich, ob die Komponenten so funktionieren wie geplant, vom Radargerät bis zur Kälteanlage für die Kühlräume der Küche. Lassen sich die lastwagenschweren Anker problemlos abfieren und wieder aufholen? Wie laufen die Maschinen? Arbeiten die MerMaids zufriedenstellend – und lässt sich der schwimmende Riese mit ihnen wirklich sensibel genug steuern? Und erst jetzt zeigt sich auch, wieviel Brennstoff die *Queen Mary 2* tatsächlich verbrauchen wird und welche Höchstgeschwindigkeit sie erreicht.

Zum ersten Mal kann der 63 Jahre alte Kapitän Ronald Warwick sein neues Schiff aufs Meer führen. Wenn auf einem der sieben Weltmeere das Idealbild eines Kreuzfahrtkapitäns existiert, dann ist er es; ein Mann und eine Karriere, so perfekt, dass sie sich kein Romanautor zu erfinden getrauen würde. Der Mann mit dem mächtigen weißen Bart- und Haupthaar, der beruhigenden Stimme, den hellen blauen Augen ist die personifizierte nautische Kompetenz, die Idealbesetzung auf der Brücke und im »Britannia«-Restaurant, wo er auch dem ängstlichsten Passagier Vertrauen in die Christliche Seefahrt einflößen würde.

Schon Warwicks Vater diente auf der *Queen Elizabeth* und der *Queen Mary* als Offizier. Die *Queen Elizabeth 2* steuerte er als Kapitän; als Commodore, als ranghöchster Kapitän der Cunard-Flotte, ging er in Ruhestand. Ein vorgezeichneter Weg auch für den Sohn? Mitnichten: »Wie hätte mir dieser verschwiegene Fremde die Lust an der Seefahrt vermitteln können?« wird Warwick Jahrzehnte später bekennen. »Er glänzte durch Abwesenheit. Ich kannte ihn kaum und wusste nicht, was es bedeutet, auf schwankenden Planken zu stehen.«

Warwick Junior fährt trotzdem zur See, zunächst auf Frachtern. Mit 27 macht er sein Kapitänspatent. Erst 1971

8002
NICOLAS
LOXAM
HA 16 D X
LOXAM ACCESS

Tieflader bringen die MerMaids unter das Heck. Da zwei der vier Motorgondeln beweglich sind, kann der Kapitän mit ihnen steuern. Ein Ruder ist nicht länger notwendig

heuert er bei Cunard an - und wird später genau einen einzigen Tag mit seinem Vater auf dem gleichen Schiff arbeiten: Im April 1972 liegt die *Queen Elizabeth 2* im Trockendock, als Warwick Junior seinen Dienst dort antritt - und Warwick Senior in Urlaub geht.

Dann fährt der Jüngere auf anderen Cunardern, 1986 dient er, auf der *Cunard Princess*, der Reederei erstmals als Kapitän. 1990, 18 Jahre, nachdem sein Vater von dort aus in den Ruhestand gegangen ist, kommandiert Ronald Warwick auf der Brücke der *Queen Elizabeth 2*. Er glaubt, den Gipfelpunkt seiner Karriere erreicht zu haben.

Doch erst als Cunard den neuen Superliner plant, wird dessen Kommando zur Krönung der Laufbahn. Warwick reist in die USA und übt fünf Wochen lang in einem Schiffssimulator in Miami die Steuerung von Dampfern per Joystick und Azipod-Antrieb. Die Testfahrten der *Queen Mary 2* werden für ihn auch zu Fahrstunden in Sachen Superliner. Während in Hochgeschwindigkeits-, Zickzack- oder Wendemanövern alle Funktionen des Schiffes gecheckt werden, lernt der Kapitän zugleich, diesen neuen Giganten sicher zu beherrschen.

Seinem Arbeitsplatz entbehrt jede Reminiszenz ans Archaische: keine großen, scheppernden Maschinentelegrafen mehr, keine messingglänzenden Sprechrohre, keine Bordglocken, kein großes, hölzernes Steuerrad. Kapitän Warwick gebietet über ein stilles Reich, das wenig von einem Oceanliner und viel von einem Kraftwerk hat: Steuerung per Joystick, Kommunikation per Bordtelefon, ommandos per Computerbefehl. Neben dem Rudergänger, der auf einem Stuhl sitzt, der eher an einen hochgelegenen Piloten- oder Zahnarztsessel gemahnt als an einen nautischen Arbeitsplatz, und diensthabenden Offizieren befindet sich kaum jemand auf der mit Bildschirmen gespikkten Brücke.

Diese letzten Wochen, welche das Schiff in der Obhut der Werft verbringt, sind technisch fehlerfrei - und enden doch dramatisch. Die *Queen Mary 2* erreicht problemlos 30 Knoten Höchstgeschwindigkeit, alle Systeme arbeiten einwandfrei. Die MerMaids gar erstaunen selbst den Kapitän. Auch in engen Hafenbecken kann der schwimmende Gigant mit ihnen und den drei je 3,2 Megawatt leistenden Bugstrahlrudern fast »auf dem Teller«, sich also um seine eigene Mittelachse drehen. Selbst diffizile Anlegemanöver sind ohne zeit- und kostentreibende Schlepperhilfe möglich. »Ihre Beweglichkeit überrascht mich immer wieder«, gesteht Warwick noch Wochen nach der ersten Fahrt.

Als die *Queen Mary 2* am 15. November 2003 noch einmal nach der zweiten Serie von Probefahrten im Trockendock von Chantiers de l'Atlantique liegt, ist dies für viele Arbeiter und deren Familien die letzte Gelegenheit, bei einem Rundgang an Bord von »ihrem« Schiff Abschied zu nehmen. Doch um 14.22 Uhr kollabiert eine zehn Meter lange und nur 1,50 Meter breite Gangway zwischen Dock und Bordwand. Sie ist, wie sich bei späteren kriminaltechnischen Untersuchungen herausstellen wird, für die Belastung größerer Menschengruppen gar nicht ausgelegt und hätte zu diesem Zweck niemals verwendet werden dürfen. Schon bei der ersten großen Besuchergruppe, die sich hinüber drängen möchte, gibt sie nach. Knapp 50 Menschen stürzen fast 20 Meter in die Tiefe. 28 von ihnen werden verletzt - und 15 sterben.

So endet die Fertigung des größten Passagierschiffes für seine Erbauer mit der wohl größten Tragödie in der Geschichte der Werft. Als die *Queen Mary 2* am 22. Dezember 2003 Saint-Nazaire endgültig verlässt, um über den Ärmelkanal gen Southampton zu dampfen, stehen Zehntausende am Ufer der Loiremündung. Mit Lichterketten und Kerzen verabschieden sie »ihr« Schiff, doch ohne Pomp und große Zeremonien. Ein bitteres Ende für Chantiers de l'Atlantique. Für Cunard ändert das Drama jedoch nichts mehr, kann sich auch gar nichts mehr ändern. Längst ist die Jungfernfahrt

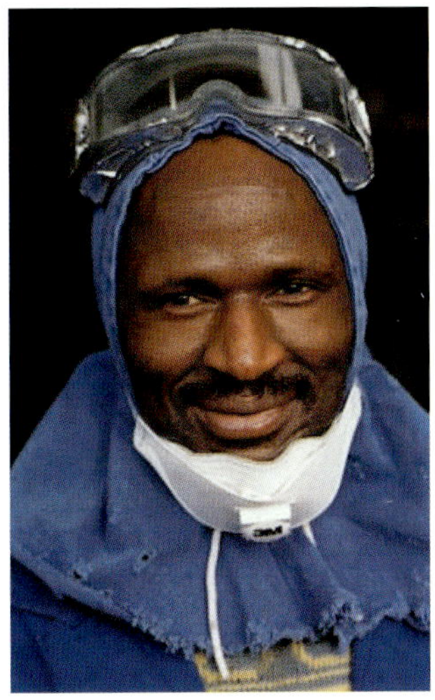

Das Schiff bringt Jobs für eine ganze Stadt: Insgesamt rund 4100 Männer und 100 Frauen arbeiten auf der Werft an dem Luxusliner – allerdings längst nicht mehr so lange wie früher. Benötigte Chantiers de l'Atlantique in den 1930er-, ja selbst noch in den 1960er-Jahren mehrere Jahre für den Bau legendärer Luxusliner wie der Normandie *oder der* France 2*, so sind viele wesentliche Arbeiten an der* Queen Mary 2 *bereits nach 14 Monaten vollendet*

AIR RESPIRABLE

Es ist »ihr Schiff«: Selbst die routinierten Arbeiter der Werft sind von Beginn an auf diesen Luxusliner etwas stolzer als auf jeden anderen Bau, der in ihren Docks entsteht

ausgebucht, sind mehr als zwei Drittel aller Kabinen für die gesamte erste Saison bereits vergeben. Und zur Taufe am 8. Januar 2004 hat sich Königin Elizabeth II. angesagt.
Am 26. Dezember 2003 legt die *Queen Mary 2* in Southampton an – am »Queen Elizabeth 2-Kreuzfahrtterminal« von Cunards Heimathafen. Die Sicherheitsvorkehrungen sind streng. Sogar das Unterwasserschiff des neuen Liners wird von Marinetauchern auf möglicherweise angebrachte Sprengsätze untersucht.
Am Nachmitag des 8. Januar betritt Elizabeth II. erstmals die *Queen Mary 2*, den Oceanliner, der den Namen ihrer Großmutter trägt. Sie wird von Kapitän Warwick an Bord herumgeführt. Die beiden kennen sich, schließlich hatte sich die Königin schon 1990, zum 150-jährigen Firmenjubiläum Cunards, auf der *Queen Elizabeth 2* die Ehre gegeben. Bereits zweimal zuvor – 1947, noch als Prinzessin, beim Kreuzfahrtschiff *Caronia* und 1967 bei der *Queen Elizabeth 2* – hatte Elizabeth II. Cunarder getauft. Und schon am 24. Mai 1936, drei Tage vor der Jungfernfahrt des Dampfers, war sie mit ihren Eltern und Großeltern an Bord der *Queen Mary* gegangen: Die kleine Prinzessin verbrachte damals ihre Zeit vor allem im Spielzimmer der Ersten Klasse.
Gegen 17.00 Uhr spielt ein einsamer Dudelsackspieler – »Her Majesty's Piper« – auf dem Bug des neuen Oceanliners »Amazing Grace«. Am Kai nehmen vor 3000 geladenen Gästen die Sopranistin Lesley Garrett, die Royal Choral Society und das Royal Philharmonic Orchestra die Melodie auf.
Anschließend löst Elizabeth II. per Knopfdruck die an einem Kran hängende Champagnerflasche. Als sie am stählernen Bug zerplatzt, leuchtet auf der Back und am Himmel über dem Hafen ein Feuerwerk auf, das Orchester spielt die

»Ode an die Freude« aus Beethovens Neunter Symphonie. Eine Inszenierung aus britischem Hofzeremoniell und Hollywoodshow, ein würdiges Schauspiel für das einzige Schiff auf der Welt, das die Tradition des 19. Jahrhunderts mit der Freizeitindustrie des 21. verbinden soll.
Am 12. Januar 2004 bricht die *Queen Mary 2* zur (längst ausgebuchten) zweiwöchigen Jungfernreise von Southampton auf. In den letzten drei Jahrzehnten hat kein Dampfer so viel öffentliche Aufmerksamkeit erregt und so schnell so viele Sympathien gewonnen wie der neue Cunarder. The Nautical Institute und Lloyd's Schiffsregister in London zeichnen jedes Jahr einen Liner aus. Dieses Jahr werden die *Queen Mary 2* als »Schiff des Jahres« und ihr Commodore Ronald Warwick als »Kapitän des Jahres« geehrt.
Es ist ein stürmischer Montagabend, als der Superliner kurz nach Einbruch der Dämmerung langsam den Pier verlässt. Zehntausende Schaulustige stehen am Ufer und winken, ein Feuerwerk zerplatzt am Himmel. Die meisten Passagiere stehen an Deck, grüßen, schwenken kleine britische Fahnen – und stimmen ein, als die Hymne »Rule Britannia« erklingt.
»Das ist wie Weihnachten!« ruft ein glücklicher Reisender, der schon oft mit Cunard gefahren ist. »Gegen dieses neue Schiff sieht die *Queen Elizabeth 2* aus wie ein Rettungsboot.« »Sie werden niemals wieder so einen Oceanliner bauen, zumindest nicht, solange ich lebe«, meint ein anderer Passagier.
Der Kurs der *Queen Mary 2* führt zunächst zur französischen Küste, dann über Madeira, die Kanaren in die Karibik, wo nach Zwischenstopps auf Barbados und St. Thomas Fort Lauderdale in Florida das Ziel ist.
Noch am Tag des Auslaufens zeigt sich der Atlantik von seiner gefährlichsten Seite. Für Südengland herrscht Orkan-warnung, die Böen erreichen Spitzengeschwindigkeiten von 160 Stundenkilometern, die Temperaturen liegen nur knapp über dem Gefrierpunkt, die Wellen türmen sich zehn Meter hoch. Doch die *Queen Mary 2* verlässt pünktlich um 18.00 Uhr den Hafen, stabil und unbeirrt, als wären unter den Wellen irgendwo Schienen verborgen, auf denen sie entlanggleiten würde: ein eleganter Liner, der gestreckte Rumpf rot und blauschwarz, auf den strahlend weißen Aufbauten der mächtige Schornstein in den legendären Farben von Cunard: schwarz und rot.

Premiere im Morgendunst:
Am 21. März 2003 ziehen Schlepper die äußerlich fast vollendete, doch im Innern noch nicht mit allem Luxus ausgestattete Queen Mary 2 *aus dem Trockendock erstmals in ihr eigentliches Element – 300 Meter zum Ausrüstungskai*

Premiere an der Elbe

Hamburger Hafen, Montag, 19. Juli 2004, gegen 5.00 Uhr: Langsam gleitet der Ausflugsdampfer *Concordia* durch den grauen Dunst, der nach den schweren Regenfällen der vorausgegangenen Nacht aus der Elbe aufsteigt. Ein paar Dutzend Journalisten stehen fröstelnd im Fahrtwind auf dem Vordeck. Wir starren in die milchige Suppe vor dem Bug unseres Bootes. Fast scheint es ein normaler Tag zu sein: Ein von drei Schleppern gezogenes Containerschiff gleitet vorbei, eine Hafenbarkasse, ein, zwei Yachten. Doch als die Schleier in der Luft aufreißen, erkenne ich, dass die Ufer – an den Landungsbrücken bei St. Pauli genauso wie auf den Stränden bei Blankenese – schwarz sind vor Menschentrauben: Zehntausende stehen zu dieser frühen Stunde schon hier. Viele sind von weit her angereist; andere haben sich irgendwie mit Wohnmobilen bis zum Ufer durchgeschlagen und dort übernachtet.

Angestrengt starre ich voraus in den Dunst. Plötzlich ein Raunen an Deck, ein paar Ausrufe, jemand weist nach vorne, die Fotografen reißen die Kameras mit den mächtigen Objektiven hoch: Lautlos wie der fliegende Holländer gleitet die *Queen Mary 2* aus dem Nebel.

Vielleicht muss man in einem relativ kleinen Boot nahe der Wasserlinie sein, um die Dimensionen dieses Giganten wahrhaft zu würdigen: Dicht unter Steuerbord passieren wir den scharf geschnittenen Bug des Atlantikliners, aufragend wie ein Hochhaus. Und darüber, jenseits des Hauptdecks, Reihen um Reihen gläserner Aufbauten hinter weißem Stahl, eine Kommandobrücke, noch halb im Nebel, ein ferner rot-schwarzer Schornstein, um den nun ein winziger Polizeihubschrauber knattert.

Mit rund fünf Knoten Fahrt – und ohne Unterstützung eines Schleppers – gleitet der Liner langsam stromauf. Am Bug bricht sich nur eine winzige Welle, selbst die Hecksee verteilt sich gurgelnd über die Elbe, als führe hier ein kleiner Dampfer – und nicht das größte Passagierschiff dieses Planeten. Die *Queen Mary 2* muss die Tidenwelle ausnutzen, die von der Nordsee her die Elbe hinaufdrängt und den Pegel des Flusses hebt. Bei Niedrigwasser würde sie – bei rund zehn Meter Tiefgang – die Decke des Elbtunnels beschädigen.

Immer mehr Boote erreichen nun die *Queen Mary 2*: Yachten, Barkassen, altersschwache Motorboote, kohlebefeuerte, dampfende Ungetüme aus dem Museumshafen, winzige Schlauchboote, die flaggengeschmückten Schlepper *Bugsier 21* und *Accurat*. 300 Boote mögen es sein. Jemand begrüßt den Atlantikliner, indem er ein paar Notraketen in die diesige Luft schießt. Am Ufer jubeln Tausende, schwenken Tücher oder Fahnen – oder staunen einfach nur über das Schiff, dessen Rumpf die Elbe fast komplett auszufüllen scheint.

Die Arbeiter auf Dock 11 der Werft Blohm und Voss verlassen ihre Posten und blicken stumm hinaus aufs Wasser. Schiffe von Küstenwache und Polizei bilden einen Ring um den Koloss, auf dass ihm niemand gefährlich nahe komme. Um 5.45 Uhr erklingt zum ersten Mal das sonore Horn der *Queen Mary 2*, dessen Klang weit über die Elbmetropole hallt. Als sich die königliche Besucherin den Landungsbrücken nähert, schießen die Wasserkanonen der Feuerlöschboote nasse Fächer in die Luft. Die Dreimastbark *Rickmer Rickmers* und der rund 40 Jahre alte Frachter *Cap San Diego* – Hamburgs größte schwimmende Schmuckstücke – wirken neben dem Liner fast wie Beiboote. Jetzt reißen die

Nebelschleier auf, rot bricht die Sonne durch den Dunst. Langsam nähert sich die *Queen Mary 2* dem Grasbrook-Kreuzfahrtterminal am Rande der historischen Speicherstadt. Es ist ein Abfertigungsgebäude im Containerstil, bunt und klein und verloren inmitten einer riesigen Baustelle, aus der einmal ein glitzerndes Terminal entstehen soll. Vorerst jedoch ist es kaum mehr als ein schäbiger Kai am Rande eines Industriehafens, ein seltsamer Kontrast zum Prunk des Liners.

Behutsam gleitet die *Queen Mary 2* immer näher an den Kai. Hamburgs Hafenkapitän Hartwig Henke steht mit auf der Brücke, dazu die Lotsen Jörg Schlüter und Niels Held - doch noch immer muss kein Schlepper assistieren, obwohl mehrere Kapitäne ihre starken Schiffe für alle Fälle in Bereitschaft halten.

Kapitän Paul Wright, der auf dieser Fahrt anstelle von Commodore Warwick das Kommando führt, ist untypisch-britisch begeistert: »So etwas habe ich in meinem Leben als Kapitän noch nie erlebt. Der Empfang war so überwältigend, dass ich immer wieder das Horn betätigt habe, um auch ja den letzten noch schlafenden Passagier zu wecken.«

Zentimeter für Zentimeter schiebt sich der Liner näher an das Ufer. Nur ein paar weißliche Wellen an Bug und Heck verraten, wie stark das Bugstrahlruder arbeitet - und dass die achteren, beweglichen Motorgondeln geschwenkt worden sind, um das Schiff quer zur Strömung gegen die Kaimauer zu schieben.

Um 7.17 Uhr werden die ersten Trossen übernommen. Die Königin ist da.

Dass die *Queen Mary 2*, zurückkehrend von einer Nord-

land-Kreuzfahrt, überhaupt die rund 100 Kilometer Elbe stromauf gefahren ist, um in Hamburg festzumachen, ist zwar kein großes nautisches, wohl aber ein gewisses unternehmerisches Wagnis. Denn der Abstecher, in dem sich der Atlantikliner in einen Flussdampfer verwandelt, kostet mehr als einen Tag - und rund 140 000 Euro Hafengebühren. Der legendäre Cunarder *Queen Elizabeth 2* ist zwar seit Jahren Stammgast an der Elbe - aber vor allem, weil er in den Docks von Blohm und Voss überholt wird. Als regulärer Stopp einer Kreuzfahrt wird die Hansestadt erst seit wenigen Jahren wahrgenommen. Doch Anja Tabarelli, Leiterin des Deutschland-Büros der Reederei, setzt auf den immensen Werbeeffekt, den die Visite des neuen Flaggschiffes haben müsste.

Die Königin passiert, begleitet von rund 300 Booten, die Landungsbrücken in St. Pauli (rechts). Einst stiegen hier die Reisenden an Bord der Ozeandampfer. Heute jedoch wäre die Elbe blockiert, legte die Queen Mary 2 *an. Cunards Flaggschiff macht deshalb einige Meter stromauf, am günstiger gelegenen, aber noch unfertigen neuen Kreuzfahrtterminal fest (unten)*

Es werden, haben Mitarbeiter der Hamburger Tourismusbehörde geschätzt, vielleicht 300 000 Menschen kommen, um die *Queen Mary 2* zu sehen. Das, so stellt sich an jenem Morgen des 19. Juli schnell heraus, ist noch viel zu vorsichtig geschätzt. Rund 400 000 - 500 000 »Sehleute« säumen im Verlauf von 24 Stunden die Elbufer, sorgen für Chaos auf den Straßen in Hafennähe - und machen die historische Speicherstadt mitten an einem Wochentag zur Bühne für ein spontanes Volksfest.

Es sind 2620 Passagiere auf dieser Fahrt an Bord, vor allem Briten und Amerikaner. Sobald die *Queen Mary 2* festgemacht hat, eilen rund 1000 von ihnen vom Schiff. Sie wollen Hamburg besichtigen, andere reisen für ein paar Stunden nach Lübeck, etwa 400 gar nach Berlin. Den umgekehrten Weg nehmen nur 300 Menschen - mehr Tagesgäste sind nicht zugelassen worden.

Bei strahlendem Sonnenschein - ungewöhnlich genug für den verregneten Sommer 2004 - drängen sich Schiffsbegeisterte durch die zu diesem Anlass von der Polizei für den Autoverkehr gesperrten Straßen der Speicherstadt. Zeitweise ist die Region um den Hafen so überfüllt, dass sich Neugierige, die dicht gepackt in der Hochbahn ankommen, in der nächstgelegenen Station nicht aussteigen können, weil sich auf dem Bahnsteig bereits zu viele Menschen drängeln. Von den Balkons und hochgelegenen Fußgängerbrücken, von Kaianlagen oder den Sand- und Schutthügeln der großen Baustellen aus starren Tausende auf die *Queen Mary 2*, die hoch über dem Terminal aufragt. Es bleibt beim sehnsuchtsvollen Blick aus der Distanz - zumindest für die allermeisten Fans der Königin.

Abends feierten die Hamburger das Schiff und sich mit einem Feuerwerk und einer spektakulären Lasershow über dem Kaispeicher A.

Pünktlich um 7.00 Uhr am nächsten Morgen legt die *Queen*

Mary 2 ab - das anspruchsvollste Manöver bei diesem Besuch. Im engen Hafenbecken vor dem Kreuzfahrtterminal muss der 345 Meter lange Koloss Zentimeter für Zentimeter wenden, um auf Kurs offene See zu kommen. Besonders heikel sind die Minuten, in denen der Liner quer zu Strom und Wind steht. Zur Sicherheit ist diesmal der Schlepper *Bugsier 21* dabei. Alles geht glatt: Nach rund 45 Minuten liegt die *Queen Mary 2* im Strom; Kurs Nordsee.
Noch einmal geben Zehntausende am Ufer dem Atlantikliner Geleit, bis er in einem strahlenden Morgen verschwindet.
Etwa 12 000 Seeschiffe steuern jährlich die Elbe hinauf. Rund 60-mal laufen Kreuzfahrtschiffe Hamburg im Jahre 2004 an, doch der Besuch der *Queen Mary 2* ist einmalig. Es wird Monate, vielleicht Jahre dauern, bis die Königin die Elbmetropole wieder beehren wird.

Die Schlepper bleiben am Pier: Die diffizilen Hafenmanöver führt der Liner aus eigener Kraft aus. Nur beim Ablegen wird ihn später eines der starken Boote unterstützen

Furioses Finale: Mit einem Feuerwerk ehrt die Hansestadt ihre Besucherin. Wohl in keinem fremden Hafen, nicht einmal in New York, ist die Queen Mary 2 *so enthusiastisch gefeiert worden wie in Hamburg*

Hamburger Hafen, 19. Juli 2004: Langsam gleitet die Queen Mary 2 *vorbei an zwei Klassikern der See, der Dreimastbark* Rickmer Rickmers *und dem Frachter* Cap San Diego. *400 000 Menschen sehen vom Ufer aus zu*

Da wird der Strom zum Bach: Von einem der oberen Decks aus gesehen wirkt die Elbe zwischen Landungsbrücken links und Werften rechts fast zu eng für den Atlantikliner (folgende Doppelseite)

PELLEGRINI

Stammgast an der Elbe

Der Liner ist ausgebucht, als er die Elbe hinausläuft. Fast alle der 2600 Passagiere stehen auch noch nach Mitternacht auf den Decks, um sich zu verabschieden.

Verrückt nach Mary: Warum eigentlich lieben die Hamburger (und nicht nur die) »ihr« Schiff so sehr? Die *Queen Mary 2* ist ja nicht an der Elbe gebaut worden und fährt nicht unter deutscher Flagge. Gäste aus der Bundesrepublik stellen eine große Gruppe unter den Passagieren, aber doch längst nicht die größte.
Hört man sich unter den Zuschauern um, die den Hafen säumen, wenn die »Königin« einläuft, dann bekommt man fast immer ebenso begeisterte wie vage Antworten. Und oft sagt jemand nur: »Die *Queen Mary 2* hat einfach was!«
Das ist wohl ihr Geheimnis: Immer wieder hat es legendäre Liner gegeben, die zwar manchmal die größten oder schnellsten ihrer Zeit waren, deren Ruhm sich aber nicht daraus speiste: Die *Mauretania* etwa oder die *Bremen*, die *Normandie* - und die erste *Queen Mary*. Die Faszination, die sie ausüben, kann auch heute kein Ingenieur am Computer entwerfen. Sie ist einfach da, oft schon in der ersten Saison, und niemand vermag wirklich zu sagen, woraus sie resultiert. Auch in diesem Sinne ist die *Queen Mary 2* die Erbin einer langen Tradition.
Denn als sie am 31. Juli 2005 zum zweiten Mal in Hamburg einläuft und dort rund 20 Stunden bleibt, da kommen, obwohl es keine Premiere ist, noch mehr Menschen in den Hafen als beim legendären ersten Besuch. Über eine halbe Million sind es diesmal: Radiostationen senden nonstop

Abfahrt Hamburg, Ziel New York - sechs Tage Reise liegen vor dem Schiff. Wohl auch in Zukunft wird Cunards großer Liner ein- bis zweimal jährlich die Elbstadt mit der Metropole am Hudson verbinden.

Am 1. August 2005, kurz nach Mitternacht, verlässt die Queen Mary 2 *zum zweiten Mal Hamburg. Ihr 20-stündiger Aufenthalt hat mehr als 500 000 Menschen angelockt - und der städtischen Wirtschaft einen Mehrumsatz von rund 40 Millionen Euro eingebracht (links).*

live, überall Showbühnen, Musik und Buden – und bei der Abfahrt um Mitternacht ein Feuerwerk von der Speicherstadt bis Blankenese. Gegen 6.00 Uhr morgens, als die *Queen Mary 2* Cuxhaven passiert, noch ein weiteres.

Am 8. November 2005 ist der Liner wieder in der Hansestadt: ohne Passagiere und mit nur 700 Mann Besatzung. Bei Blohm und Voss bleibt er elf Tage zum routinemäßigen Werftaufenthalt. Im Trockendock Elbe 17, gegenüber den Landungsbrücken, verpassen ihm einige Hundert Arbeiter einen neuen Anstrich. Sie überholen alle Motoren, die Propeller, Rohrleitungen, Ventile, die Rettungsboote, Ankerwinden und Radaranlagen. Aus den Ballastwassertanks spülen sie Muscheln, Schlamm und Algen. Und einige Bars und Restaurants an Bord werden umgebaut und erweitert.

Selbst in der Werft lockt die *Queen Mary 2*, trotz eisiger

Eine Königin am Michel: Bei ihrem zweiten Hamburg-Besuch legt die Queen Mary 2 *gegen 4.30 Uhr morgens am Kreuzfahrtterminal in der HafenCity an. Zunächst weist ihr Bug stromauf.*

Temperaturen, täglich Tausende, die das elegante Schiffsheck bestaunen, die riesigen Aufbauten, den mächtigen Schornstein, der bis an die höchsten Kräne heranreicht. So ist es kein Wunder, dass die *Queen Mary 2* auch 2006 wieder in Hamburg festmacht. Manchmal für eine Kreuzfahrt. Und manchmal in der Werft, um die Schönheit zu pflegen. Die maritime Ausnahmeerscheinung ist in Hamburg zum Stammgast geworden.

Um 13.37 Uhr löst sich der Liner vom Kai. Allein mit den Bugstrahlrudern und den drehbaren Motorengondeln drückt sich das Schiff vom Pier (S.58). Langsam dreht der Bug durch den Wind, bis die Queen Mary 2 *quer im Strom steht. Zu beiden Ufern bleiben kaum 50 Meter Platz (Mitte). Nach 40 Minuten legt der Liner wieder an (rechts.) Nun weist der Bug Richtung Nordsee. So wird das Auslaufen um Mitternacht schneller gehen.*
Für das Manöver benötigt das Schiff keine Schlepperhilfe.

Rund 37 000 Liter Farbe mit einem Gesamtgewicht von etwa 50 Tonnen verteilen Werftarbeiter auf dem Schiff. Vom Kiel – bis hinauf zum Schornstein.

Am 9. November 2005 gleitet die Queen Mary 2 ins Dock 17 der Werft Blohm und Voss. Sie hätte schon am Vorabend einlaufen sollen, doch Ostwind hatte den Wasserstand der Elbe zu tief fallen lassen.

Elf Tage liegt der Liner zur Überholung in einem der größten Docks Europas. Sein Bug ragt über die Anlage hinaus, das Heck weist zur Elbe. Auch nachts werden die Arbeiten fortgesetzt, damit der enge Zeitplan eingehalten wird.

Acht Stunden dauert es, bis die 240 000 Kubikmeter Wasser aus dem Dock gepumpt sind und das Schiff auf den Pallen liegt. Das Fluten geht schneller: In zwei Stunden ist das Becken wieder voll.

Jobmaschine: Bei Blohm und Voss arbeiten 400 Menschen am Schiff, dazu 500 Mitarbeiter von Fremdfirmen und 700 Mann der Besatzung. Gut zehn Stunden, nachdem die letzte Farbe aufgetragen ist, wird das Dock geflutet. So kann der Anstrich trocknen.

Am 19. November 2005 schwimmt der Liner wieder in der Elbe. Es ist 5.50 Uhr morgens, der Wind ist eisig. Die Queen Mary 2 *nimmt Kurs auf wärmere Gefilde – bis zum nächsten Besuch in Hamburg.*

CUNARD
Queen Mary 2

Audienz bei einer Königin

Wenn Sie in Cunards neuem Flaggschiff herumwandern, möchten wir Sie darauf hinweisen, dass die Queen Mary 2 über 2500 Kilometer elektrische Kabel verfügt, 500 Kilometer Rohrleitungen, 2000 Bäder, 80 000 Lichter, 250 000 Quadratmeter Teppichboden, 120 000 Quadratmeter Isoliermaterial, 3000 Telefone, 8800 Lautsprecher, 5000 Treppen, 5000 Feuermelder, 1100 Feuerschutztüren und 8350 automatische Feuerlöscher!

Aus einer Cunard-Werbung von heute

Die *Queen Mary 2* liegt im Hafen von Martinique. An den Kais von Fort-de-France drängen sich niedrige Häuser; hinter ihnen, den Horizont bedeckend, recken sich die vom Regenwald grün überwucherten Hänge des aktiven Vulkans Mont Pelée in die Höhe. Der Himmel ist bleiern, es ist Regenzeit, das Wasser ist ruhig. Da nähert sich dem Bug des Oceanliners auf einmal ein winziges Schlauchboot mit einem Mann und einer Frau...

Plötzlich, noch bevor irgendjemand an Bord der *Queen Mary 2* reagieren kann, schießt das Boot näher heran - und der Mann schwingt sich mit einem gewagten Sprung auf den wulstförmigen Bug. Dort stellt er sich triumphierend in *Titanic*-Positur, bevor er so schnell verschwindet, wie er gekommen ist.

Es ist der vielleicht skurrilste Moment einer Kreuzfahrt der *Queen Mary 2*, die in New York beginnt, acht Tage lang bis hinunter in die Karibik führt und schließlich wieder in der Metropole am Hudson endet.

Begonnen hat sie am Cruise Ship Terminal an Manhattans West Side. Wer im großen, hallenförmigen Gebäude eincheckt, muss strenge Sicherheitsschranken überwinden, bevor er endlich den Bordpass erhält, jene computerlesbare Plastikkarte, die ihn fortan als Passagier ausweist und bei jedem Landgang vorgezeigt werden muss. Trotzdem dauert diese Prozedur nicht sehr lange.

Kaum sind alle Passagiere an Bord, schiebt sich die *Queen Mary 2* ohne Hilfe eines Schleppers in den Hudson hinein. Es ist schon abends, doch die Sonne steht noch am fast wolkenlosen Himmel. Aus den Bordlautsprechern erklingt die britische Nationalhymne, als die Skyline von Manhattan langsam am Schiff vorbeigleitet. Welch eine ungewohnte Perspektive auf New York: Statt, wie sonst immer, mit dem in den Nacken gelegten Kopf die Wolkenkratzer hinaufzublicken, sieht man nun »auf Augenhöhe« in Officefenster und Lofts, ja starrt von oben hinunter in die Straßenschluchten. Steuerbord passiert der Atlantikliner kurze Zeit später die Freiheitsstatue - sie wirkt, von einem der oberen Decks aus gesehen, winzig, fast wie ein Spielzeug.

Als sich der Liner der Verazzano Narrows Bridge nähert, steht im Südosten eine gewaltige, graue Wand aus Nebel und Dunst am Himmel. Die *Queen Mary 2* gleitet unter der Brücke hindurch - viele Passagiere halten unwillkürlich den Atem an, denn wider alle Vernunft glaubt man doch, dass ihr Schiff die Brücke touchieren und niederreißen könnte. Doch mit einigen Metern Luft geht es unter der gewaltigen stählernen Konstruktion hindurch. Dann umhüllt die Nebelwand endgültig das Schiff. Es wird kalt und feucht, es gibt nichts mehr zu sehen.

Zeit, unter Deck zu gehen und sich endlich die *Queen Mary 2* anzusehen.

Der Kabinensteward führt in das schwimmende Luxushotel ein. Wichtigster erster Anlaufpunkt: das »Britannia«-Bordrestaurant, in dem, verteilt auf zwei Schichten, rund 1600 Gäste stilvoll speisen. (Und leise, denn die Akustik ist gelungen: Das Murmeln der Hundertschaften verliert sich zwischen den Decks und stört die eigene Konversation nicht.) Jeder Reisende der normalen Kabinenkategorien erhält am ersten Abend einen festen (Stamm-)Platz im »Britannia« angewiesen.

In diesen ersten Abendstunden, dann an den beiden darauffolgenden Tagen, an denen der Liner durch den Atlantik südwärts stampft, lernt man langsam das komplexe Innenleben des Schiffes kennen: Vom Frühstück im »King's Court«-Restaurant bis zum letzten Drink in einer der Bars oder der Diskothek »G 32« (im Heck, so genannt nach dem Bausegment, welches die Werft hier in den Rumpf geschweißt hat); vom Fitnessclub in den vorderen Aufbauten bis zum Spielcasino tief im Bauch des Schiffes; von einem der fünf Swimmingpools bis hin zum Planetarium »Illuminations«; vom Nachmittagstee im Wintergarten, dem englischten Teil dieses englischen Schiffes, bis zu den Filialen von Harrod's und H. Stern; vom Theater mit seinem Showprogramm bis zur Bibliothek (von der aus, kleiner Geheimtipp, man einen ebenso fantastischen Blick voraus hat wie vom Aussichtsdeck direkt unterhalb der Kommandobrücke).

Schnell lernt man die wichtigsten Orientierungspunkte kennen: die Grand Lobby auf Deck 3, wo auch das Büro des Pursers ist, an den man sich wenden kann, wenn irgendein Problem auftaucht. Wo die doppelt geschwungene Treppe unter dem blinkenden Relief des Schiffes den Raum beherrscht. Wo breite, vertäfelte Korridore die wichtigsten Schiffsebenen entlangführen.

Deck 7, das Promenadendeck mit den Liegestühlen, direkt unterhalb der Beiboote ist der zweite Orientierungspunkt. Die Rennstrecke der morgendlichen Jogger, die Flaniermeile der Genießer, die zwischen den üppigen Mahlzeiten durch frische Meeresluft neuen Appetit bekommen wollen. Wer sich zudem merkt, dass die vier wichtigsten Aufzüge vom Bug bis zum Heck mit A-B-C-D bezeichnet sind, kann eigentlich schon nicht mehr verloren gehen.

Und wer sich erst einmal zurechtfindet, der entdeckt den Reiz des Details. Vom gläsernen Aufzug etwa, der einen an der Außenseite der Aufbauten über fünf Decks hoch trägt, vorbei an einem grandiosen Atlantikpanorama. Oder vom Gang, der direkt hinter die Kommandobrücke führt und wo »Sehleute« durch ein Fenster den Offizieren und dem Rudergänger bei der Arbeit in dem computerschimmernden Hirn des Schiffes zusehen können.

Und man stellt irgendwann überrascht fest, dass man nur an sehr wenigen Stellen – in der Grand Lobby etwa – ganz leise Vibrationen spüren kann. Das Schütteln, der Maschinenlärm, der schwere Geruch nach Diesel oder Schiffsöl, all diese Relikte der alten Dampferzeit sind auf diesem Schiff verbannt. Selbst das Wasser in den Swimmingpools bleibt glatt wie ein Tischtuch. (Nur wenn die *Queen Mary 2*, wie auf ihrer Jungfernfahrt geschehen, auf dem Nordatlantik von einem Orkan erfasst wird, dann stampft auch die Königin.)

Der größte Luxus dieses Liners aber ist – tatsächlich seine Größe. Obwohl das Schiff mit über 2500 Reisenden ausgebucht ist, findet man immer einen Liegestuhl, bleibt im Swimmingpool ungestört, stört bei seiner Jogging-Runde um Deck 7 keinen Mitreisenden, ja hat manchmal ein ganzes Deck für sich allein. Anders als auf fast allen anderen Kreuzfahrtschiffen dieser Welt wird hier dieser unschätzbare Komfort geboten: dass man, den Ozean im Blick, Ein- oder auch Zweisamkeit genießen kann.

Am dritten Tag auf See dampft die *Queen Mary 2* schließlich zum ersten Mal wieder in einen Hafen: Philipsburg auf der kleinen, französisch-niederländischen Insel St. Maarten. Tender bringen einige hundert Passagiere auf die Karibikinsel. Wer mag, der flaniert einfach nur über die Straßen und Wege des Ortes Philipsburg.

Wer einmal im wahrsten Sinne des Wortes in die Karibik eintauchen will, der hat Exkursionen gebucht zum Schnorcheln bei Cupecoy, Maho, Pinel Island oder einem der anderen Riffe entlang der Küste.

Nach etwa zwölf Stunden legt der Liner wieder ab. Die Bordband spielt am Heck die Hymne, den Passagieren werden Champagner und Softdrinks gereicht.

Noch zweimal wiederholt sich das Schauspiel, dass sich das riesige Schiff in einen Hafen schiebt, dessen geduckte Häuser, ja dessen Hügelkuppen der Schornstein um ein Mehrfaches überragt. Es ist, als würde ein überdimensioniertes Raumschiff aus einem Science-fiction-Film hier landen. Und es ist jedesmal ein Wunder, wie elegant, wie scheinbar leicht der riesige Liner in den engen Häfen und Buchten manövriert.

Die Reise durch die karibische Inselwelt auf den Spuren der Freibeuter und der spanischen Goldgaleonen wird abends von den gesellschaftlichen Bordereignissen unterbrochen: Vom formalen, obligatorischen Captain's Dinner. Vom Kostümball. Und, very british, very Cunard-like, vom seit Generationen auf Dampfern dieser Reederei gepflegten Wettbewerb um den skurrilsten Damenhut des Abends.

Nach einigen Tagen wendet sich der Bug des Schiffes wieder gen Norden – Kurs New York. Auf der Rückreise – irgendwo vor der Küste von Georgia – nimmt Kapitän Warwick plötzlich Fahrt aus dem Schiff. Dann lässt er einen Vollkreis fahren, ein höchst ungewöhnliches Manöver mitten auf dem Ozean.

Einige Passagiere eilen an Deck, die meisten jedoch bemerken es nicht. Die Reisenden an Deck sehen schnell, warum der Kapitän ein solches Kommando gegeben hat: Eine steuerlose Motoryacht treibt auf dem Meer. Vorsichtig manövriert Warwick sein Riesenschiff darum herum, die Offiziere suchen mit Ferngläsern ab, ob jemand an Bord ist. Nichts. Die Motoryacht ist leer. Warwick informiert die U.S. Coast Guard, die Küstenwache, dann dreht er schließlich ab. Andere werden das herrenlose Boot bergen.

Am achten Tag: düsterer, grauer Nebel am frühen Morgen. Von irgendwo ertönt nur das »Klong-klong« von Glockentonnen , doch nichts ist zu sehen. Lautlos gleitet der Liner weiter. Irgendwann: ein fernes Rauschen, das langsam intensiver wird. Noch immer nur dichter Nebel. Dann deutlicher: Das Rauschen ist der Verkehrslärm einer endlosen Autokolonne. Und plötzlich brechen die fahlen Lichter der Verazzano Narrows Bridge durch den Dunst, deren Fahrspuren die Autos der faszinierendsten Stadt der Welt entgegentragen.

Die *Queen Mary 2* ist wieder in New York.

Ein schwimmendes Hotel in den Tropen: Zwar ist die Queen Mary 2 *der einzige echte Atlantikliner unserer Epoche, doch auch sie fährt jeweils für einige Monate des Jahres durch sonnigere Gefilde. Hier liegt sie auf Reede vor der französisch-niederländischen Karibikinsel St. Maarten*

Wie moderne Skulpuren ragen die auf dem Vordeck befestigten Schiffsschrauben auf, während am Horizont die schönste Skyline der Welt immer kleiner wird

Die stilvollste Art, New York zu verlassen. Während sich die Wolkenkratzer von Mid- und Downtown Manhattan langsam aus dem Abenddunst schälen, genießen die Passagiere einen letzten Blick auf die Metropole – entweder vom Oberdeck aus, dicht hinter dem mächtigen Schornstein, oder von den terrassenförmigen Achterdecks

Ein frühmorgendlicher Blick auf das Wahrzeichen des neuen Atlantikliners

Wer von der Besatzung dienstfrei hat, genießt den Blick vom Promenadendeck der Mannschaft (oben), oder ruft ein letztes Mal mit dem Mobiltelefon zu Hause an, bevor die Queen Mary 2 *aus der Reichweite der Landsendemasten gleitet (ganz oben)*

Auf dem Atlantik, abends: Langsam kehrt Ruhe ein an Bord, New York ist am Horizont versunken, die Reise beginnt

Eine Woche lang endet hier die Welt: der Flaggenstock am Heck

Gelassenheit und Ruhe:
Die Queen Mary 2 *ist so groß, dass – nicht nur am frühen Abend – auf den Promenadendecks immer ein ruhiger Platz zu finden ist, an dem man ungestört plaudern oder auch allein die frische Brise genießen kann*

Rettungsring, Teakholz, weiß lackierter Stahl: Wer mit offenen Augen über Deck promeniert, dem bieten sich unzählige maritime Stillleben

Dafür ist sie gebaut: Vor dem Bug der Queen Mary 2 *öffnet sich der weite Atlantik*

Freibad auf dem Ozean: Die windgeschützten Achterdecks mit Schwimmbädern, Whirlpools und vielen Sonnenplätzen werden von verglasten Seitenwänden vor der steifen Brise geschützt (vorhergehende Doppelseite)

Eine doppelt geschwungene Freitreppe führt in die Grand Lobby auf Deck 3. Sie ist Orientierungsmarke und Treffpunkt der Reisenden

GRAND
LOBBY

GRAND
LOBBY

In ruhigen Stunden dient die Grand Lobby auch für Piano-Konzerte. Von hier aus gehen einige der wichtigsten Aufzüge und weite, vertäfelte Korridore ab, welche die verschiedenen Decks miteinander verbinden

Im Purser's Office der Grand Lobby stehen Mitarbeiter Reisenden mit Rat und Tat zur Seite – von der Wegbeschreibung zu Deck 7 bis hin zur Beschaffung schwarzer Socken, falls man seine eigenen an Land vergessen haben sollte

Der zentrale Bereich wird vom 1,7 Tonnen schweren Bronzerelief des Künstlers John McKenna geschmückt, das die Queen Mary auf dem Atlantik zeigt, zwischen Alter und Neuer Welt. Darunter, am Ende des Ganges, das Porträt des Gründers Samuel Cunard

AMERICA

Das 1351 Plätze bietende »Britannia«-Restaurant wird von einem rund 26,5 Quadratmeter großen Wandteppich geschmückt, der die Queen Mary 2 *vor der Skyline von New York darstellt*

Das Restaurant nimmt zwei Decks ein. Deshalb wirkt es außergewöhnlich licht und hoch

Stewards empfangen die Gäste, die unter der großen, geschwungenen Freitreppe ankommen, welche die beiden Ebenen des Speisesaals miteinander verbindet

Eine der besonders exklusiven, rund 200 Quadratmeter großen Grand Duplex-Suiten auf den Decks 9 und 10. Die beiden größten Suiten sind nach den Schlössern Balmoral und Sandringham benannt. Ihre Räume liegen auf zwei Ebenen: Von den Salons führt eine Treppe zum Schlafzimmer und separaten Bad im Obergeschoss

Die meisten Kabinen liegen entlang zweier Korridore, die sich in fast gesamter Länge durch den Rumpf ziehen. Auch diese Kabinen bieten schon einen Komfort, vergleichbar nur dem eines Luxushotels

Wer die Grand Duplex-Suite bucht, genießt nicht nur einen üppigen Wohnraum – sondern wird auch während der ganzen Reise von einer persönlichen Butlerin oder einem Butler betreut

Queen Mary 2

Ein Mann und sein Schiff: Commodore Ronald Warwick führt die Queen Mary 2 *auf ihrer Jungfernfahrt und anschließend auf vielen Reisen nach New York und, wie hier, durch die Karibik*

Liegt der Liner, wie vor der Karibikinsel St. Maarten, auf Reede, hält ihn mindestes einer seiner je 23 Tonnen schweren Anker am Platz. Backbord haben die Tender festgemacht, welche die Reisenden an Land bringen

Andernorts würden sie schon als eigenständige Ausflugsboote gelten: Mit großen, wegen ihrer Doppelrümpfe stabil in der See liegenden Tendern werden die Gäste der Queen Mary 2 *ans Ufer gebracht*

Die Königin vor der französisch-niederländischen Tropeninsel St. Maarten. Der Liner ankert einige hundert Meter vor der Hauptstadt Philipsburg

Eine Flottille von Tendern, die, nach gründlicher Reinigung, von Deck 7 abgefiert werden, setzt nicht nur Gäste ab, sondern auch Männer der Besatzung, die Landgang haben

CUNARD
Queen Mary 2

Die großen Luken, durch die man zu den Tendern gelangt, liegen in Höhe des Wasserspiegels. Niemand muss steile Fallreeps klettern, um ins Beiboot zu gelangen

Auf vielen Karibik-Kreuzfahrten ist St. Maarten der erste tropische Ankerplatz nach dem Ablegen in New York. Dort scheint der Liner selbst die höchsten Berge der Insel zu überragen

Auf den Spuren von Piraten: In dem von alten Kanonen verzierten Hafen von St. Thomas wirkt es fast so, als würde die Queen Mary 2 die gesamte Einfahrt versperren

Impressionen im Tropenlicht. Oft hat der Reisende selbst das höchst gelegene Beobachtungsdeck für sich allein. Die Glastüren unterhalb des Schornsteins führen zu einem der fünf Schwimmbäder des Liners

Das Vordeck ist Arbeitsraum der Besatzung und für Reisende normalerweise nicht zugänglich. Hier ist ein 23 Tonnen wiegender Reserveanker verstaut. Zwei Kräne können ihn, oder andere schwere Lasten, außenbords hieven

Entspannung in einem Whirlpool zur blauen Stunde

Nach dem Dinner genießen einige Reisende den Blick auf die erleuchteten Häuser von Philipsburg auf St. Maarten, bevor die Queen Mary 2 *wieder die Anker lichten wird*

Auch zwei Stewards genießen für einen kurzen Moment die Ruhe, bevor ihr Schiff Kurs auf das nächste Eiland nimmt

Auf der Brücke beobachtet ein Offizier mit dem Fernglas vor der Küste Georgias einen am nächtlichen Horizont passierenden Supertanker

Commodore Warwick überprüft Stunden später Monitoranzeigen. Fast alle Funktionen an Bord werden von Computern gesteuert und überwacht

Roland Warwick war Kapitän der Queen Elizabeth 2, *bevor er auf Cunards neues Flaggschiff wechselte. Noch bevor die* Queen Mary 2 *überhaupt auf der Werft vollendet worden war, hatte er bereits ihre Steuerung trainiert – am Simulator*

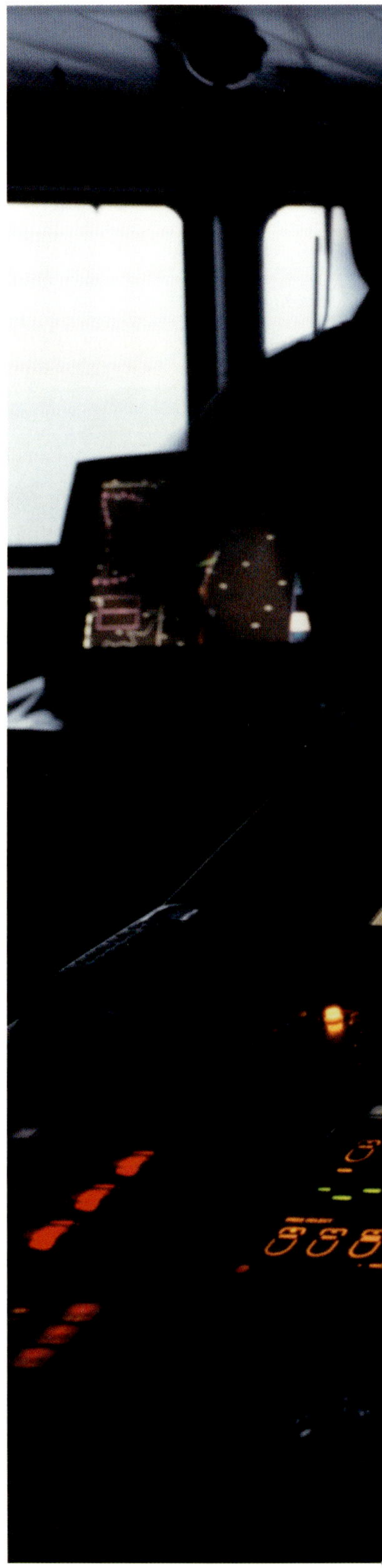

Das Hirn des Schiffes: Monitore stellen die Daten der Instrumente dar; die beiden Bildschirme rechts zeigen Radarbild, den Kurs und See sowie Küste rund um das Schiff. Daneben unterrichtet ein Monitor über den Zustand der Queen Mary 2

Viel zahlreicher als die nautische Besatzung, welche das Schiff auf See führt, ist das Heer der Helfer, das 24 Stunden täglich die Queen Mary 2 in tadelloser Sauberkeit hält. In der Wäscherei etwa, in der ausschließlich chinesische Mitarbeiter angestellt sind, werden nicht nur hunderte Kilogramm Tischdecken und Bettzeug gereinigt, sondern auch Offiziersuniformen wieder aufgefrischt. Derweil kümmern sich andere Helfer um die Kabinen der Passagiere

LAUNDRY
USE
ONLY

DELL

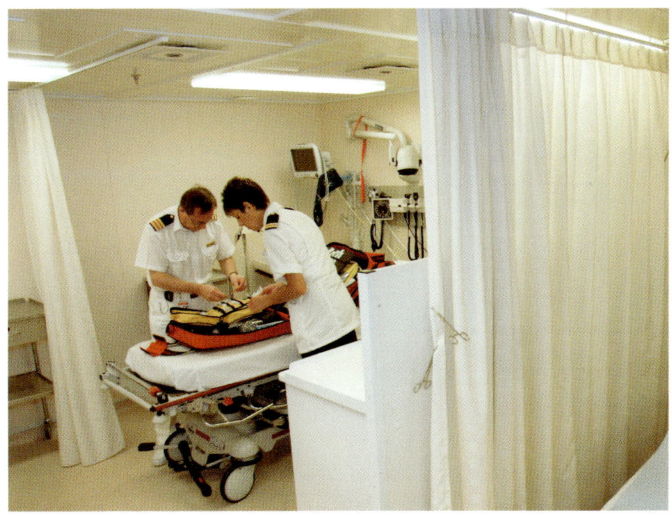

Bordarbeit: Stewards besprechen jeden Morgen mit dem Purser die anstehenden Aufgaben (linke Seite). Chefingenieur Brian Wattling überwacht in der Steuerzentrale die Schiffstechnik, von der Drehzahl der Motoren bis zum Zustand der Klimaanlagen (o. l.); eine Barkeeperin holt neue Getränke aus dem Frachtraum (o. r.); im Arbeitsraum werden Liegestühle abgeschliffen und eingeölt (M. l.); Ärzte überwachen den Zustand der medizinischen Geräte in der Krankensation (M. r.); und der deutsche Proviantmeister Alfred Hackl überprüft die Vorräte im Weinlager (u. l.)

Auch an Deck ist die Besatzung niemals untätig. Morgens und abends etwa werden die britische Handelsmarine und die Flagge des Gastlandes gesetzt

Die großen Stahlflächen leiden unter der salzigen Seeluft und glänzen nur, weil sie ständig geputzt oder gestrichen werden

Und auch die Markierungen der Decksspiele – wie zum Beispiel für das Shuffleboard auf Deck 12 – müssen immer wieder neu auf die Teakplanken übertragen werden

Queen Mary 2

Deck closed for maintenance
We apologize for any inconvenience caused

Radicchio Salad with Blood Oranges
Cheese Salad, Apple Sherry Dressing

In der Hauptküche auf Deck 3 werden täglich rund 2000 mehrgängige Mahlzeiten für die Gäste des »Britannia«-Restaurants zubereitet. Die Stewards holen die Bestellungen für die Tische ab, denen sie zugeteilt sind. Damit sie auf dem Weg zu den Reisenden, die auf der oberen Ebene speisen, nicht die geschwungene Freitreppe benutzen müssen, führt eine versteckt gelegene Rolltreppe direkt von der großen Kombüse dort hinauf

Reisende, die eine Suite oder ein Penthouse auf der Queen Mary 2 gebucht haben, speisen in den exklusiven Restaurants »Queen's Grill« oder »Princess Grill« (obere Reihe, links, 2. von links, 4. von links). Die Menus à la Carte gehören zu den besten nicht nur auf den Ozeanen, sondern überhaupt irgendwo auf der Welt. Mediterrane Spezialitäten – und einen Ausblick auf das Swimming-Pool-Deck – offeriert »Todd English« (obere Reihe, 3. von links, untere Reihe links, 2. von links, 4. von links). Legerer geht es im »King's Court« zu, wo den ganzen Tag über Frühstücks- beziehungsweise Lunch-Buffets angeboten werden. Abends verwandelt sich der langgestreckte Raum in vier separate, nach regionalen Küchen unterschiedene Restaurants – etwa in die italienisch inspirierte »Trattoria La Piazza« (untere Reihe, 3. von links)

TODD ENG

Die »Sir Samuel's« (links und oben rechts) ist der beste Platz an Bord, wenn man einen edlen Tropfen genießen möchte; außerdem werden auch hier kleine Mahlzeiten offeriert. Über ein halbes Dutzend weitere Bars und Nightclubs erwarten den Nachtschwärmer – etwa in der »Queen's Grill Lounge«, wo Barkeeper Miguel Cocktails mixt (oben links), oder in der langgestreckten »Chart Room Bar« in der Nähe des »Britannia«- Restaurants (unten links). Ein Vermögen riskieren kann man in dem »Empire Casino« (unten rechts) – nicht nur an Spielautomaten à la Las Vegas, sondern auch bei klassischen Nervenkitzeln wie Roulette

Darf es ein Brillantencollier sein, als Überraschung auf der Reise? Oder eine neue Uhr für ihn? Oder ebenso skurriler wie edler englischer Nippes, wie man ihn eigentlich nicht außerhalb der Insel findet?

Bei der Grand Lobby bieten zwei Luxusgeschäfte ihre Auslagen dar: der exklusive Juwelier »H. Stern« und »Harrod's«, seit Generationen eine Ikone britischer Kaufhauskultur

Ihr markanter Bug ist rasch zu einem Wahrzeichen der Queen Mary 2 geworden – und zu einem Reiseziel der besonderen Art: Auf Martinique näherten sich im Frühjahr 2004 ein Mann und eine Frau in einem winzigen Schlauchboot dem Oceanliner. Der Mann sprang plötzlich von dort auf den Bugwulst – und reckt im Schatten der Königin triumphierend die Arme empor

QUEEN MARY 2
QUEEN MARY 2

Am Pier von Fort-de-France, Martinique

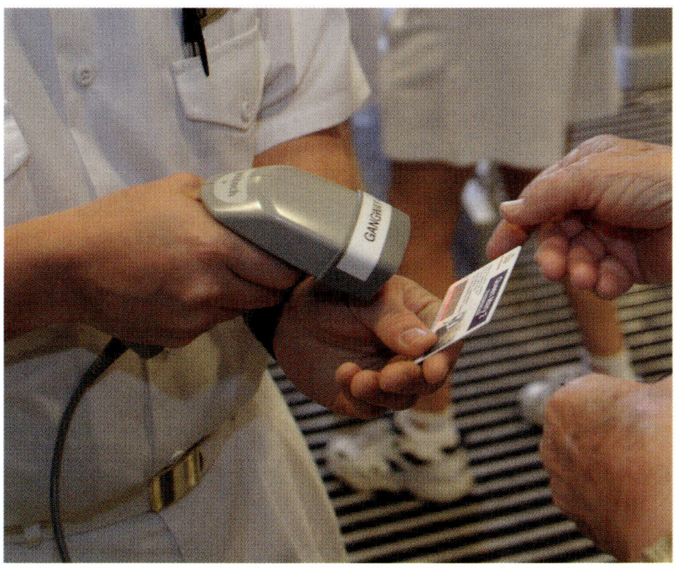

Auf Martinique kann die Queen Mary 2, *anders als etwa auf St. Maarten, direkt an den Kaianlagen festmachen. Wie ein Wolkenkratzer überragen ihre Decks die Inselhauptstadt Fort-de-France*

Unternehmungslustige Passagiere, welche die Insel erkunden wollen, müssen ihre computerlesbaren Bordpässe bereithalten

So registriert die Besatzung, ob sich später niemand als Blinder Passagier auf das Schiff schleichen will – und ob tatsächlich alle regulären Gäste wieder pünktlich und wohlbehalten von ihrem Landgang zurückgekehrt sind, damit der Liner nicht ablegt, während auf der Insel ein Reisender »vergessen« worden ist

Zwischen den Inseln genießen die Reisenden den Blick auf die tintenblaue karibische See und ein Sonnenbad auf Deck 12, wo man dem von Passatwolken gesprenkelten Himmel besonders nahe ist. Und wo selbst nahe am massigen Schornstein kaum ein Hauch die Aussicht trübt, denn die Maschinen der Queen Mary 2 *arbeiten besonders emissionsarm*

Decksliegestuhl und Rettungsring – obwohl Letzterer eher symbolischen Wert besitzt – gehören zu den Utensilien einer jeden Kreuzfahrt

Blick entlang von Deck 7 und den Aufbauten: Das große Deck hat, anders als etwa die Ebene beim Schornstein, den Vorteil, dass sich unterhalb der Beiboote auch Liegeplätze im Schatten finden.
Das Schiff gleitet ruhig wie auf Schienen dahin – und nur die weiß schäumende Welle am Rumpf zeigt, dass hier rund 150 000 Bruttoregistertonnen den Ozean durchpflügen

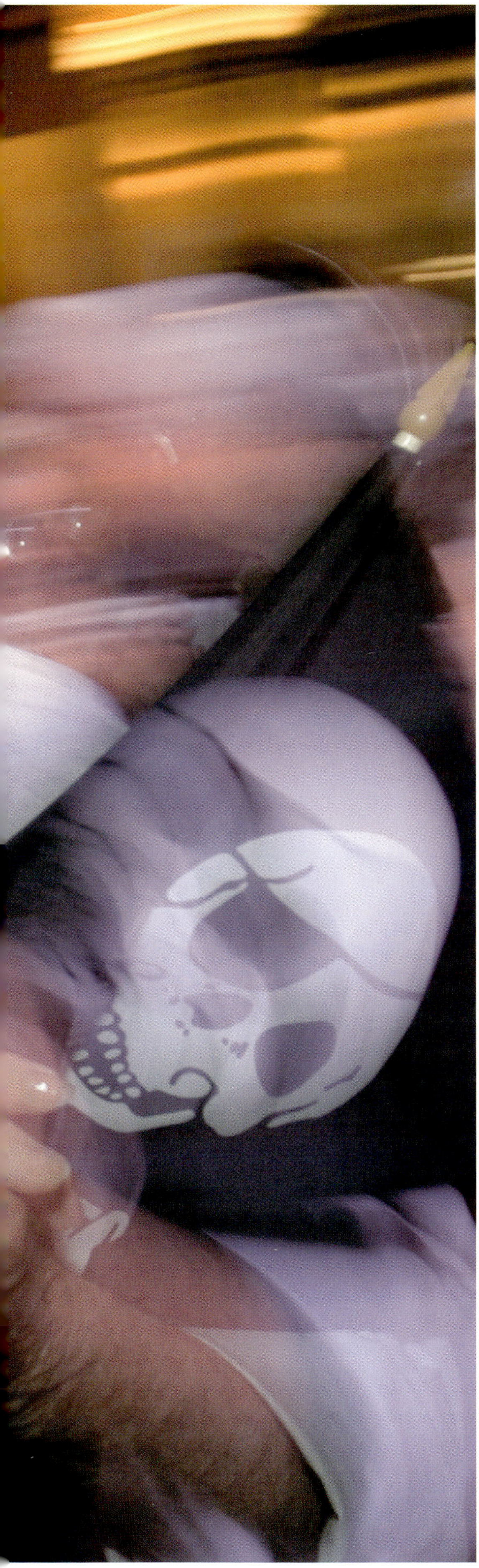

Rituale einer klassischen Cunard-Keuzfahrt: Beim Maskenball tanzt ein Piratenpaar, beim Wettbewerb um die gewagteste Kopfbedeckung tanzt eine Dame mit einer sehr nautischen Kreation (rechts, 2. von oben).
Der Bordfotograf knipst das Erinnerungsbild. Tanz und heiße Livemusik bis zum Morgengrauen in der »G 32«-Diskothek (oben und 3. von oben).
Höhepunkt jeder Fahrt aber bleibt das Captain's Dinner mit der persönlichen Begrüßung durch Commodore Warwick (unten)

Das Planetarium »Illuminations« (links außen, oben) ist das einzige seiner Art auf hoher See. Die Kuppel über den Sitzreihen misst 13 Meter Durchmesser und wiegt vier Tonnen. Im »Royal Court«-Theater proben Tänzer und Sänger für eine Show. Die jungen Profis studieren ein Programm ein, das eigens für die Queen Mary 2 *konzipiert worden ist*

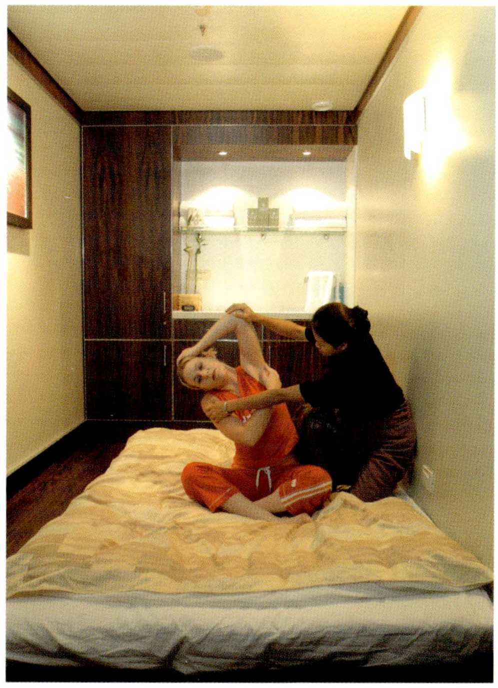

Wellness an Bord: Der »Canyon Ranch SpaClub« offeriert auf zwei Decks die edelsten Formen der Entspannung. Dazu dienen verschiedene Saunen sowie ein Whirlpool und ein Thalassopool – mit eigenem Wasserfall. Eine thailändische Massage hilft, auch die letzten verkrampften Muskeln zu lockern

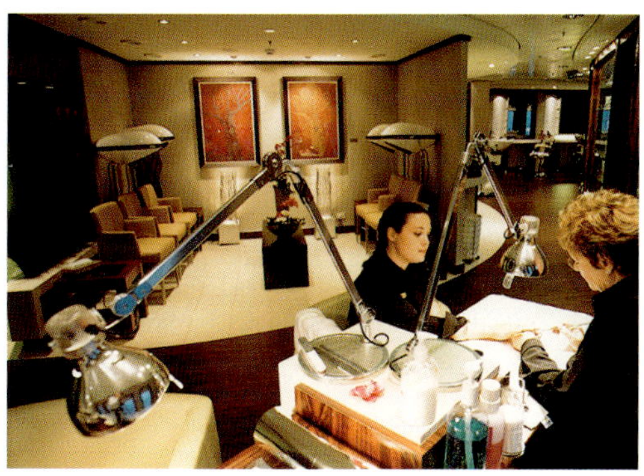

Zum »SpaClub« gehören selbstverständlich auch Pediküre und Maniküre. Insgesamt 51 Spezialisten kümmern sich bei »Canyon Ranch« um das körperliche Wohlbefinden

EXIT

Die nur vier Decks unter der Brücke gelegene Bibliothek nimmt die ganze Breite der vorderen Aufbauten ein. Hier stehen 8000 Bücher zur Auswahl sowie mehrere Internet-Arbeitsplätze, von denen aus selbst auf hoher See ein Surfen in der virtuellen Welt möglich ist. Manche Leseecken bieten durch die schräg gestellten Fenster einen wunderbaren Blick über das Vorschiff hinaus auf den Ozean

Folgende Seiten: Irgendwo auf dem Atlantik, einen Tag vor der Rückkehr nach New York: Ozean, Himmel und Schiff schimmern golden und blau

Und plötzlich brechen die Lichter der Verazzano Narrows Bridge durch den Morgendunst vor dem Schiff: Der Liner passiert die große Brücke in der Bucht vor der Metropole. Die Queen Mary 2 *ist wieder in New York*

Schiffsregister

(Die Queen Mary 2 wurde hier nicht separat aufgeführt.)

Queen Mary 2
SOUTHAMPTON
CUNARD